天梯

王壽南談基督信仰

王壽南 著

序——進入天國的梯子

王壽南

在《聖經・創世記》第二十八章十至十九節記載了一個故事：亞伯拉罕的孫子、以撒的兒子雅各準備到巴旦亞蘭去尋找舅舅拉班；途中走到一個地方，太陽落下了，四周又荒涼，便在那裡找一塊曠野處休息，他拾起一塊石頭枕在頭下，躺臥就睡了。之後他做了一個夢：見前面有一個梯子立著，一直通到天上，有神的使者在上面來回走動，而上帝站在梯子上說：「我是耶和華，你祖父亞伯拉罕的神，也是你父親以撒的神，我要將你現在所躺臥之地賜給你和你的後裔，你的後裔必像地上的塵沙那樣多，必向東西南北開展，地上萬族必因你和你的後裔得福，我也與你同在，你無論往哪裡去，我必保佑你，領你歸回這地，絕不離棄你，直到我成全了向你所應許的。」雅各醒來，心中懼怕，原來這裡是天國的門，就給此地起名叫伯特利，就是神殿的意思。

雅各看到的梯子是通往天國的。不過，在《舊約聖經》中很少提到天國，所以天梯對以色列人似乎沒有什麼作用。到了《新約聖經》，「天國」受到極大的重視，耶穌一再提到天國，天國成為基督徒追求的目標。基督徒如何進入天國？耶穌沒有指示基督徒到哪裡去找有形的天梯，他只指示一個通往天國的無形天梯，那無形的天梯便是「信耶穌」。信耶穌乃是通往天國的途徑。

我進入基督信仰是在二〇〇五年，當時我的雙眼近乎失明，正走在人生的絕境，我進入教堂後，聽牧師講道，我的妻子吳涵碧也不斷地「唸」《聖經》和一些講解《聖經》的書給我聽，讓我對基督教有了認識。二〇〇七年十月二十五日，臺北振興醫院劉榮宏院長為我的左眼開刀，讓我的左眼重見光明。從此，我可以自己讀《聖經》和有關基督信仰的著作，使我對基督教有更深的瞭解。

我脫離未信的日子還不遠，還很清楚記得未信之時對基督信仰抱持的懷疑態度，以及對其生出的許多疑問，我也曾和其他未信的朋友討論，他們也同樣有滿腹疑問。正是由於這一大堆疑問，阻止了未信的人踏進基督信仰，所以我覺得解答這些疑問就是掃除信仰基督之路的障礙。

我應臺北遠東福音會之邀，在該會的廣播節目中作專題演講，我講過好幾個專題系列，其中的「光照系列」演講內容就是想為未信、初信或已信的朋友解答一些對基督信仰的存疑。當然，這些解答只是我個人的想法和意見，可以供大家討論，我相信基督信仰是一種真理，真理是不怕討論的，真理是越辯越明的。中國人接受基督信仰的時間很短，對基督教的瞭解很少，基督徒人數也不多，所以中國人普遍對基督教的認識相當浮淺，我自不量力，願意用笨拙的口和筆來對基督教問題作一些個人的心得報告，希望讀者能多瞭解一點基督教的內涵，讓基督的福音能更加發揚光大。

目錄

基督教是什麼樣的宗教？

基督教顧名思義是信仰基督的宗教，基督（Christos）在希伯來文稱為「彌賽亞」，意思是「救世主」，希臘文翻譯成「基督」。「彌賽亞」本意是「受膏者」，在《舊約聖經》裡出現「受膏者」乃是指被油膏塗抹的人，有被設立、授權、差遣的意味，「彌賽亞」就是上帝授權差遣而來的那一位，這位「彌賽亞」降臨的目的是要拯救以色列，所以「彌賽亞」就是「救主」。以色列從所羅門王死後，分裂為南北兩國，南國稱猶大國，北國稱以色列國，西元前七二二年北國以色列國被亞述滅亡，西元前五八六年南國猶大國被巴比倫滅亡，在南國和北國被滅亡之前，許多先知就預言兩國將滅亡，也預言有「彌賽亞」將要降臨，先知耶利米傳達了上帝的話說：「耶和華說，日子將到，我要給大衛興起一個公義的苗裔，他必掌王權，行事有智慧，在地上施行公平和公義，在他的日子，猶大必得救，以色列也安然居住，他的名必稱為耶和華我們的義。」（〈耶利米書〉第二十三章五—六節）在舊約最後一卷書〈瑪拉基書〉第三章一節記載：「萬軍之耶和華說，我要差遣我的使者在我前面豫備道路，你們所尋求的主必忽然進入他的殿，立約的使者，就是你們所仰慕的，快要來到。」眾先知們傳達的彌賽亞消息在猶太社會中發生影響力，猶太人都盼望著有一位彌賽亞趕快降臨。但是先知們只帶給猶太人希望，卻沒有說明彌賽亞是誰？什麼時候降臨？如何降臨？於是猶太人只能想望彌賽亞，經過了四五百年的醞釀，猶太人漸漸形成一個模糊的彌賽亞印象，這模糊印象是一個大衛王的後裔將領導猶太人打敗敵人，重建強盛的以色列國。這個模糊的印象後來證明一部分是正確的，那就是彌賽亞的確是大衛王的後裔，但一個大錯誤是，這位彌賽亞的格局遠比猶太人的想像大得多，他不但要拯救猶太人，更是全世界、全人類的救主。所以，當真正的彌賽亞出現時，猶太人反而認不出他是彌賽亞了。

彌賽亞就是耶穌，也就是基督，耶穌是上帝耶和華的獨生子，奉上帝差遣降生人世，大約三十歲左右，耶穌開始出來傳道，所宣揚的福音主要內容是有關上帝國（天國）即將來臨，呼籲眾人悔改相信福音。耶穌所做的事情主要是傳道、醫病、驅鬼，從鄉村到城市，從加利利開始，一直到耶路撒冷，最後在耶路撒冷被釘死在十字架上，死後三天復活，四十天後升天而去。

第一位告白耶穌是基督的人是耶穌的十二個門徒之一的彼得，第一位認出耶穌是上帝的兒子的人是親眼看著耶穌被釘十字架的羅馬軍官百夫長。當耶穌被捉拿，連夜在公會被審問時，他總不開口，直到大祭司問道：「你是那當稱頌者的兒子基督不是？」耶穌直率地回答說：「我是。你們必看見人子坐在那權能者的右邊，駕著天上的雲降臨。」這是耶穌親口宣布他就是基督。

耶穌信奉的上帝和一千三百年前摩西所信奉的上帝是同樣的神，在《舊約聖經》裡從摩西到眾先知一再提到說上帝耶和華是以色列的神，以色列是上帝的子民，所以人們稱從摩西傳揚的教為猶太教，耶穌沒有稱他創了一個新宗教，他經常引用《舊約聖經》的話語，但耶穌沒有綑綁在摩西的律法之中，他突破了一些律法和習慣的束縛，宣揚上帝的一些新旨意，所以後來的人把信奉耶穌為基督的人稱為基督徒，耶穌宣揚的新約稱為基督教。

基督教既是由猶太教蛻變而來，基督教和猶太教有什麼差異呢？兩者較大的差異有三點：

基督教認為彌賽亞已來臨，彌賽亞就是耶穌基督，耶穌用自己的生命來救贖世人，用自己的血來洗刷罪惡，所以上帝的拯救已經開始。猶太教則認為彌賽亞尚未來臨，上帝的拯救尚未開始。

基督教認為耶穌是上帝的獨生子，是神。猶太教認為上帝是唯一的真神，上帝在天上是唯一的神，沒有兒子，但地上的人都是上帝的兒子們，耶穌是上帝在地上兒子們之一，耶穌只是拉比（老師）。

基督教認為耶穌要拯救人類，不分國籍、種族、文化，對象是全人類，猶太教認為上帝要拯救的是以色列人，上帝是以色列的民族神。

基督教的核心思想是愛，《聖經・約翰壹書》第四章十六節說：「上帝就是愛。」而上帝的愛藉由耶穌基督彰顯出來。使徒保羅說：「如今常存的有信、有望、有愛，這三樣，其中最大的是愛。」（〈哥林多前書〉第十三章十三節）在〈約翰福音〉第三章十六節的經文就說：「上帝愛世人，甚至將祂的獨生子賜給他們，叫一切信他的不至滅亡，反得永生。」上帝的愛是「過於人所能測度的」（〈以弗所書〉第三章十九節）。何以上帝的愛是超過人所能測度的？主要是因為上帝的愛和人的愛有所不同，人的愛是有條件、有限制的愛，上帝的愛則是出於自由、無條件、無限制的愛。

上帝的愛是「泛體愛」，是對人類廣泛性地付出愛，沒有個體差別和任何條件限制，而且上帝的愛是沒有約束的愛，是無限大的愛。《聖經》記載彼得問耶穌，弟兄得罪了他，他原諒那弟兄幾次？七次可以嗎？耶穌的回答是七十個七次。七十個七次指的是無數次。原諒乃是愛的表現，無限的原諒代表上帝無止境的愛，作為人的彼得自以為七次原諒已表現深厚的愛，這恐怕已是一般人難做到的事，如果要做到無止境的愛，那更是人所做不到的事。上帝愛每一個人，且無限制地付出愛，這是「泛體愛」，人則只有「個體愛」，人的愛是有對象性的，受到身分、性格、環境、喜好、情緒、文化、利益等等因素的約束和限制，一個人對其他人的愛也是有個別性差異的，換句話說，人對人的愛是有親疏遠近差別的，對不同的對象會有不同程度的愛，譬如說愛自己的父母和愛鄰居的老人是有差別的，愛自己的妻子和愛朋友的妻子也是有差別的，人不可能像上帝一樣對所有的人都給予同樣無保留的愛，人沒有「泛」愛，只有「個體愛，這是由於人生活在這世界上受到各種各樣的約束所致，如果人要不顧周圍的種種約束，對別人付出全部的愛，其結果往往會讓對方感受不到你的愛，反而會傷害自己又傷害到對方。譬如一個公司裡有個男職員，他為了表示「泛愛」，他對公司裡十個女職員都看成妻子一般去愛她們，他每天出門上班前要和妻子擁抱親吻，在公司下班時，他也去和每個女同事擁抱親吻。他為妻子買了一條圍巾，也為每個女同事都買了相同的圍巾，如此表示「泛」愛的結果，恐怕他的婚姻要破裂，他在公司會被人指為色狼。人的愛和上帝的愛是不一樣的，上帝的愛像太陽，有大熱力，幫助動植物生長，給人溫暖又不傷人，人的愛像蠟燭，火光雖可以照亮房間，但如果靠太近也會灼傷人，甚至會引起火災。所以上帝的愛和人的愛不同，你可以熱切地天天追求上帝的愛，但卻無法在街上看到路人都渴望在他身上得到父親般的愛。

我這樣說不是貶低人的愛，只是說明神的愛不同於人的愛，希望人們能接收到上帝的愛，也能發揮人性的愛。

為了讓人領會上帝無限的愛，基督教特別提倡寬恕，主張人要多存原諒的心，耶穌講過一個浪子的故事，有一個人家財豐厚，有一天，他的小兒子向他提出一個要求，請父親把他應得的一份產業分給他，他要自主生活，父親答應了，小兒子得到一份家產，便去把家產變賣成現金，然後帶著錢財到外鄉去，小兒子在外鄉吃喝玩樂，盡情享受，不久，便把錢財花光了，正巧這時候他所在的地方鬧饑荒，他生活無著，只好去找一個朋友，這朋友叫他去幫忙養豬，但他實在餓得受不了，很想拿養豬的飼料充飢，可是豬飼料也很少，連豬都吃不飽。在這種痛苦的情形下，他忽然想到，他自己的家裡食物豐富，他家的僕人都豐衣足食，自己怎麼淪落到要餓死的地步。還不趕快回去，向父親認罪，求父親原諒。於是立刻起身，走上回家的路，當他快走到家時，父親在家門口遠遠就看到小兒子的身影，隨即跑上前去迎接，小兒子看見父親就跪下來說：「我得罪了天，又得罪了你，從今以後請你把我當作你的僕人，讓我能繼續活下去。」父親把小兒子扶起來，吩咐僕人拿上好的衣服和鞋子給小兒子換上，把戒指給小兒子戴上，並且宰牛設宴，慶祝這小兒子失而復得。這是《聖經》中有名的浪子的故事，這故事是個隱喻，父親是指上帝，小兒子是指離開上帝的人。當人遭遇困苦的時候，回去尋求上帝，上帝都會原諒他、收留他。從上帝無限的愛中，人們學到寬恕的精神。寬恕就是原諒對方的過錯或傷害，放棄報復的想法。為什麼基督教要強調寬恕？因為愛的對立面就是恨，消除恨的利器不是報仇，報仇的結果是冤冤相報，仇上加仇，無有終了，消除恨的最佳利器是寬恕。在基督教人間愛的網絡中，不斷遊走的光點是寬恕，寬恕的光點要把網上恨的黑點一一清除，讓愛的網路暢通無阻。

基督徒相信宇宙萬事萬物是上帝創造的，上帝有超乎人類所能想像的大能力，能掌控人的命運，而且上帝隨時伸出愛的雙手，所以基督徒對上帝常懷感恩之心，凡事謝恩是基督徒對上帝的心態。有一個朋友請我到他家吃飯，飯前我照例禱告，朋友問我禱告什麼？我說是謝飯的禱告。朋友說這頓飯菜是我太太做的，你幹嘛要謝上帝，我回答說這些食物都是上帝創造，賜給我們享用，如果現在天災，食物缺乏，你請客也請不成，所以要先感謝上帝，再謝你和大嫂，同時，我也感謝上帝給我能吃能喝的身體，如果我現在生了病，喉嚨吞不下東西，也就吃不到大嫂做的好菜了，所以我還要感謝上帝賜給我健康的身體。

凡事感恩並不容易做到，當一個人遇到快樂的事，他順口說一聲：「感謝上帝。」那是興奮的表現，但遇到不愉快的事還要感恩，那就有點困難了，但還是要感恩。我舉自己為例：我在二三十年前就發現腎功能不好，肌酸酐（Creatinine）偏高，二〇一七年二月醫生要我去洗腎，當時我的症狀是經常疲倦、行動無力、水腫、常常肺積水，第一次踏入洗腎室，看到二十幾張病床上都躺著人，手臂上掛著管子，每個人要躺四個小時不能動，心裡有些難過，然而我不能不接受。第一次洗腎發現沒有什麼痛苦，洗完以後變得精神奕奕，步履輕快。有朋友聽說我洗腎來安慰我，我說：「感謝上帝。」他說：「你躺在病床上不能動，還要感謝上帝嗎？」我說：「洗腎只要四個小時，我像又恢復健康了，感謝上帝，我不是長了癌或其他不治之症，而是每隔一天強迫我休息半天。」

人生不如意的事相當多，不如意會造成內心的不安和痛苦，如果凡事感恩，會讓自己內心得到平和，減少痛苦。

總而言之，基督教是要建立一個愛的世界，讓上帝把愛傳給信徒，信徒再把愛傳遞給每一個人，使這世界變成愛的世界。

上帝是什麼樣的神？

有一天，一個朋友和我聊天說，他最近開始對基督信仰發生興趣，可是他沒有找到上帝的塑像或畫像，他很想知道上帝是什麼樣的神？而我的經歷和他很相像，後來我踏進了基督信仰的大門，進了教會，每天勤讀《聖經》，聽各種各樣講道，大量閱讀基督信仰的書籍，於是我對基督信仰有了認識，所以我很樂意為我的朋友解釋上帝是什麼樣的神。

一、上帝是宇宙萬事萬物的創造者

上帝名叫耶和華，他創造了宇宙萬事萬物，包括人、地球、星座……等等。上帝不但創造了萬物的形體，還創造了萬物的規律，有了規律，星球不全亂撞，地球有晝夜、季節、晴雨，每種生物都有遺傳因子，動植物的生命都有生存的法則。有時，上帝會打破規律，人們便說那是神蹟。

在基督信仰中，上帝創造了宇宙，創造了太陽、月亮、星星、地球、動植物和人類，所以人是上帝創造的，上帝不是人所創造出來的神，上帝是創造萬事萬物的神。

二、上帝是唯一的真神

在《聖經》裡常常提到上帝是唯一的真神，除祂之外，別無他神，這種一神信仰和中國傳統的宗教信仰大不相同。

基督信仰中則明白告訴你，神只有一位，就是上帝，你不必東找西拜，只需要信靠上帝，祂就會給你帶來平安，這才是真正的信仰。

也許你會懷疑地問，既然上帝才是唯一的真神，那麼耶穌是不是神呢？我給你的答案是肯定的，耶穌是上帝的獨生子，降世為人，目的是要向世人傳揚福音，卻被猶太人釘死在十字架上。耶穌死後三天就復活了，顯現給門徒和猶太人看到，四十天後便升天去了，所以耶穌也是神。

也許你又會問：耶穌是神，上帝也是神，那不是有兩個神嗎？為什麼還說上帝是唯一的真神呢？從表面上看，這真是個矛盾，但其實不然。你聽過「三位一體」嗎？原來在天國裡，神有三個位格，這三個位格叫聖父（上帝）、聖子（耶穌）、聖靈（保惠師），是可以各自運作，但實際上是一體的，就像人有手、有腳、有頭，手、腳、頭各做各的事，但手、腳、頭是相連的，是一個身體。所以，上帝、耶穌、聖靈名之為一，其實為一，我們說敬拜耶穌，就是敬拜上帝，那是同一的神。

三、上帝是沒有向人顯現相貌的神

你走進任何一間教堂，你看不到任何的上帝畫像或塑像，你能看到的是耶穌的畫像和十字架。為什麼上帝沒有相貌？如果教堂裡能立一個滿臉笑容、白髮白鬚的老公公代表上帝，那不是會讓信徒更感覺到親切嗎？因為上帝耶和華是睿智的，祂不願意自己被人們偶像化，於是上帝不顯現給人看見，縱使摩西上了西乃山，上帝對摩西說話，上帝也沒有把自己顯現給摩西看，而且上帝對摩西說：「你們自己看見我從天上和你們說話了，你們不可做什麼神像與我相配，不可為自己做金銀的神像。」既然沒有人見過上帝的相貌，上帝又不許人們把祂塑成偶像，所以教堂裡就沒有上帝的畫像或塑像。不過，教堂裡會有耶穌像，因為耶穌曾經在這世界裡生活了三十三年，曾是一個活生生的人，所以耶穌的形像是可知的，當時許多人親眼見過耶穌，所以畫出耶穌的形像是可以做的事。

上帝不願意人們把祂塑成偶像，還有一個原因是，在這世界上有許多邪靈，或者叫做魔鬼，當人們不斷祭拜一個偶像，有些邪靈就會被吸附到這個偶像上，邪靈也會有一些法力，有時會現出一些奇蹟，這就容易使人誤認邪靈就是神，不知不覺中跟著邪靈走。所以，基督信仰是不立偶像的。

四、上帝是父神

信奉上帝和傳統中國的信仰是不一樣，上帝和人的關係，祂是信徒們的父親，上帝也把信徒看成祂的兒子，所以基督徒都稱上帝為「天父」，就是天上的父親的意思。上帝和信徒的關係像父子關係，這種父子關係的基礎是愛，父子相愛，絕對不是金錢交換的行為，所以一個人不管他是貧是富，是飛黃騰達或是窮途潦倒，只要他誠心求告上帝，上帝就會伸手，以父親的慈愛來保護他，讓他有一個依靠。

五、上帝是既有憐憫又有公義的神

上帝既然是父神，祂就會憐憫、疼惜祂的子民，上帝會供給人們生活所需，會賜給人們平安喜樂，凡是願意懺悔自己罪過的人，上帝都會像慈父一樣給予原諒和接納。

《聖經》裡記載了一個故事，這故事說，有一個父親生了兩個兒子，小兒子長大成人後，要求分家產，父親便把小兒子應得的一份家產給了他。小兒子拿了家產便去變賣掉，帶著金錢離開了家，到另外一個地方，每天花天酒地，吃喝玩樂，過了不久，身邊所帶的金錢全花光了，這時那地方遭到饑荒，小兒子變成窮光蛋，於是去投靠那地方的一個人，那人打發他到田裡去養豬。小兒子每天在豬群裡工作，那人卻給他很少的食物，小兒子常常餓得想拿豬吃的豆莢來充飢，可惜豆莢也很少，豬吃都不夠，他實在飢餓難熬，忽然他心裡有了醒悟，他想：「我父親那裡雇了很多工人，口糧有餘，我倒在這裡餓死嗎？我要起來，回到我父親那裡去，向他說：『父親，我得罪了天，又得罪了你，從今以後，我不配稱為你的兒子，把我當作一個雇工吧！』」於是，小兒子起身回家。他的父親在家門口遠遠看到小兒子回來了，臉上露出慈祥的笑容，跑上前去擁抱小兒子，小兒子羞愧地說：「父親，我得罪了天，又得罪了你，從今以後，我不配稱為你的兒子。」父親安慰他說：「孩子，回家就好了！」轉身吩咐僕人將上好的袍子給他換上，把戒指給他戴在指頭上，把鞋穿在他腳上，又宰了肥牛犢做成豐盛的佳餚，歡迎小兒子回家。《聖經》裡這個故事只是個比喻，這小兒子意指犯了罪的人，父親意指上帝，一個犯了罪的人只要他願意悔改，上帝都會原諒他和接納他，就像一個父親會原諒他的犯過錯而悔改的兒子一樣。

不過，上帝並不是一個溺愛兒子的人，上帝也是一個會管教兒子的父親，而且管教十分嚴厲，所多瑪被焚的故事可以作為代表，當亞伯拉罕還活著的時候，所多瑪城是一個充滿罪惡的城市，處處充斥著荒淫、強暴、欺詐、凶惡，城裡的人無不犯罪，上帝要毀滅這個罪惡之城，亞伯拉罕向上帝求情，上帝說如果在所多瑪城裡能找到十個義人，就不毀滅那城。結果全城找不到十個義人，於是上帝降下天火，毀滅了所多瑪城。此外，《聖經》也告訴我們，人的肉體死亡以後，靈魂會受到審判，所以上帝不只是慈愛的神，也是重公義的神。

以上從五個方面來談上帝是什麼樣的神，這只是很表面、淺顯的解釋，為的是讓尚未認識或初信上帝的人容易瞭解，其實，上帝的深博寬厚不是人所能完全看得透的，如果你每天讀《聖經》，每天做靈修默想，你就能多體會到上帝是什麼樣的神，讀經愈多，靈修愈多，你就愈能認識這位全能的神。

上帝會垂聽禱告嗎？

有個朋友問我：「我每天禱告，上帝會聽我的禱告嗎？」我回答說：「會的，《聖經》裡耶穌說：『你們祈求，就給你們，尋找就尋見，叩門就給你們開門。』所以上帝是垂聽禱告的神。」上帝對禱告會回應，我先說兩個禱告和回應的故事。

英國著名牧師大衛・鮑森從大學畢業時，面臨就業問題，當時他正在接受農場工作訓練，有一天他心想是決定要留在農場務農還是投身到宣教工作，那天清晨，他向神禱告說：「主，如果你要我投入事奉，今天中午之前，你必須告訴我。」大約十一點鐘，大衛・鮑森和一位同在農場實習的朋友一起喝咖啡，這朋友注視著他，突然說：「大衛我想你會走上傳道的路，而不是走上耕田的路。」兩人分手後，大衛在街上遇到一位退休牧師，牧師對大衛說：「你何時投入事奉？」大衛心中一驚，這事神已經清楚地給了回應，神是通過別人在對他說話，他要接住神的回應，於是他毅然走上了傳道之路。

第二個故事發生在臺灣，時間是在一九七〇年代。

玉萍是一個在煤礦區長大的女孩，父親是煤礦工人，母親只受過小學教育，家境十分貧困。玉萍五歲時，父親遭遇礦坑災變去世，母親靠著幫人洗衣服、打掃清潔和做雜工維持家庭生計，幸好玉萍努力求學，從小學念到大學，大學畢業後，玉萍很幸運找到工作，在一家貿易公司擔任會計。

有一天，玉萍對母親說：「我現在上班了，給我三千塊錢，我要買衣服。」母親一聽就大叫起來：「什麼？三千塊，妳薪水都沒領到，就要三千塊，沒有。」玉萍也大聲吼回去：「妳這麼小氣，我知道妳從來就不愛我，把錢看得比我重要。」母親大怒，一巴掌打在玉萍臉上，玉萍大哭起來，衝出家門。

母親的這一巴掌讓玉萍做了一個決定，她要離開這個家，自己獨立生活。她在公司附近租了間小套房，一個人住，她每個月的工資足夠她一個人的溫飽，自由自在，生活倒也輕鬆。一晃三年過去了，她沒有回家去看母親。玉萍的脾氣直率，有點接近暴躁，所以很難交到要好的朋友，漸漸地玉萍感到空虛寂寞。有一天，她進到教堂，接觸到許多姊妹，大家都對玉萍很和善，讓玉萍得到很大的安慰。

又有一天，玉萍在教堂聽牧師講道，牧師講的主題是寬恕。牧師說了《聖經》裡一段故事：彼得對耶穌說，我兄弟得罪了我，我饒恕他幾次？七次可以嗎？耶穌說：不是七次，是七十個七次。耶穌講的就是無止境的饒恕。牧師又講了許多寬恕的道理，讓玉萍心裡受到很大的震動，她難道不能寬恕母親的那一巴掌嗎？

回到小套房，玉萍跪在床上禱告：「親愛的主啊！我要認罪，我要懺悔，我不該仇恨我的母親，我母親從來沒給我什麼好東西，那是因為太窮，我母親從小就打罵我，那是因為她的個性和沒有受過好的教育，但無論如何，她養育我，讓我長大成人，供我讀到大學畢業，我應該感恩，主啊！我要回家看母親，請主幫助我，讓母親接納我的道歉。」

禱告完了，玉萍打開收音機，竟然傳來「慈母頌」的歌曲，玉萍呆住了，難道上帝聽到她的禱告，給了她回應？

吃過晚飯，玉萍坐在床上，拿起一本剛買回來的雜誌，隨手一翻，看到一篇散文：

〈母親的眼淚〉，寫一個母親失去兒子的悲傷心情，玉萍邊讀邊哭，最後抱著枕頭嚎啕大哭。玉萍叫著：「主啊，這一定是你在說話，要我趕快回去向媽媽道歉。」

第二天是國定假日，玉萍一大早就趕到煤礦區，闊別三年，景物依舊，走到家門，卻不見母親，玉萍去隔壁問房東，房東告訴她，去年初母親就搬走了，到哪裡去就不知道了，玉萍聽了房東的話呆了半天，眼淚不自覺地流出來。

回到小套房，玉萍跪在床上，流著淚禱告：「主啊！你不是垂聽我的禱告嗎？現在我誠心懺悔，我知道我對媽媽的態度不好，我要向媽媽道歉，請媽媽原諒我，但是現在我找不到媽媽，主啊！請你讓我再見到媽媽，主啊！求你幫助我，求你讓我實現願望，這樣祈禱是奉主耶穌的聖名祈求。」

從這天開始，玉萍到處打電話或親身拜訪煤礦區的舊朋友和老鄰居，但沒有人知道母親的下落。三個月過去了，有一天，教會裡一個姊妹嘉琳邀玉萍去一所孤兒院服事，玉萍跟著嘉琳到了孤兒院，院裡有七、八十個孤兒，年齡從兩個月大到十八、九歲都有，玉萍的個性拘謹，不會帶孩子們玩遊戲，但她願意教他們做功課。嘉琳帶玉萍參觀孤兒院的環境，當她們走到廚房，玉萍忽然看到一個熟悉的身影，那是媽媽！

玉萍奔了進去，看到媽媽正在洗菜，立刻大叫起來：「媽！」母親回過身來，看到玉萍像飛一樣跑過來，立刻張開雙手，把玉萍緊緊抱住，兩個人同時大哭起來。

過了許久，兩個人擦乾眼淚，玉萍跪下去對母親磕了頭，母親把玉萍摟在懷裡，玉萍望著母親說：「媽，請您原諒我的不孝，自從我信了耶穌基督，知道對父母不孝是大罪，我懺悔，我願意悔改，媽，從今以後，我不會離開妳，我要好好孝順妳，請妳原諒我。今天，上帝垂聽了我的禱告，讓我能再見到妳，這是上帝赦免了我的罪，媽，我會陪著妳在上帝面前祈求，讓我們平平安安地走在神的道上。」

從上面兩個故事給我們一個啟示，上帝是垂聽人的禱告的神，但上帝未必會直接告訴你，也未必會立刻回答你，祂會用其他方式和較長的時間來回應你的禱告。

也許你會說，我有件事求上帝，禱告了很久，祂怎麼都沒回應我？

對於神有沒有垂聽你的禱告，先要瞭解自己的禱告是抱持什麼樣的態度，上帝回不回應你的禱告，不是你禱告的地點在哪裡，事實上在任何地點都可以禱告，不一定要在教堂才能禱告。我有一個朋友是十分虔誠的基督徒，每天大清早，家人還未醒來，他一個人便在盥洗室裡禱告，這成為他數十年的習慣。禱告的時間長短也不重要，並不是禱告越長越好。禱告會不會蒙上帝垂聽最重要的關鍵是態度，這態度就是對神忠誠。

什麼是對神忠誠？所謂忠誠包括三點：一是對神完全相信，相信什麼？相信上帝是唯一的真神，上帝是全能的神。我們不能用理性來分析神，神的本質和大能都超乎人的理性之上，人對神的信賴是奠立在信心上，人可以用理性來分析、研究世界上的物，但不能用理性來研究、分析神，因為神的本質和能力都不是人的理性分析所能限制的，所以人對神的依賴是基於信心，對神的信心越強，上帝越會垂聽你的禱告。

第二是全然交託：把自己全都交託給神，承認自己的不足，把所求告的事完全託付給神。

第三是合於主的道：禱告祈求的事要合於主的道，如果你禱告祈求的事違背主的道，神是不會垂聽和應允的。譬如一個人準備晚上去一個富翁家偷竊，他禱告祈求晚上的偷竊能成功，不被發現。偷竊行為是不合乎主的道的行為，上帝不但不會應允他的禱告，反而可能給予懲罰。所以禱告祈求的事要不違背主的道，上帝才會垂聽和應允。

基督徒在禱告時對神要絕對謙卑，像兒子對父親一般，祈求中可以撒嬌，但不能強求，不能命令神一定要做什麼，你要記住，上帝是基督徒慈愛的父親，祂也是十分嚴厲的父親，你不能濫用祂的慈愛而忘了祂的嚴厲。

上帝會垂聽禱告，也會給予回應，禱告的人要用心留意接收上帝的回應，如果不能專注，就會錯過上帝的回應，讓我講一個故事：

力群是一個公司的職員，已經結婚，有一個三個月大的兒子。不巧這時發生金融風暴，公司裁員，力群正在被裁之列，於是力群失業了，一家生計立刻出現危機，力群急得到處找工作，一連幾天都毫無進展。力群是基督徒，立刻向上帝禱告，請上帝幫他找到一個工作。有一天，力群在菜市場碰到小學同班同學阿虎，阿虎知道力群失業，就對力群說：「我開了一間小塑膠廠，專門做一些日常用品，你願不願意到我的工廠來，我給你每個月四萬塊錢薪水。」力群聽說月薪四萬元，心裡一動，這跟他原來公司的待遇差不多，可以維持一家生活，但力群心裡忽然出現一個意念，阿虎小學跟他同班，功課壞得不得了，總是班上最後一名，而他自己成績優異，總是班上前三名，所以阿虎被大家看不起，現在自己竟然要在阿虎手下做事，實在不甘心，於是力群辭謝了阿虎的邀請。

第二天，力群在馬路上遇到小時候的鄰居建仁，力群告訴建仁自己失業了，建仁拉力群到一家咖啡館聊天，建仁說：「我最近在做一個買賣，須要幾個銷售員，你來幫忙好不好？我給你月薪十萬元，業績好的話再加紅利。」力群吃驚得張大嘴巴，十萬是他原來薪水的一倍半，太豐厚了，力群問道：「要我銷售什麼貨物？」建仁說：「是一種興奮劑，吃了以後會精神奮發，心情快樂。」力群說：「這該不是毒品吧？」建仁說：「不要說得這樣難聽，說興奮劑或者仙丹就好了。你只要每天晚上到一家夜店去，用你的口才來推銷，你在夜店裡的吃喝費用由我來付。」力群心想販賣毒品是違法的事，但十萬元月薪太誘人了，他想先做幾個月，等找到正當工作就不幹了，於是點頭答應，建仁從身上掏出十萬塊錢塞到力群手裡，接著又拿了一個小手提箱，交給力群說：「這是貨品，每天夜晚兩點鐘我們碰面結算成果，見面地點我用手機簡訊告訴你。」從這天開始，力群每天晚上都混在夜店裡銷售毒品，他知道這是不好的事，不敢告訴妻子真相。

第十天晚上十二點左右，一批警察衝進夜店，進行臨檢，當場抓到力群和毒品，力群被押到派出所，經過詢問，力群被送進看守所。力群不知所措，徬徨無主，內心十分恐懼，要求見牧師。警方通知了牧師，天亮以後，牧師來探望力群，力群把事情的經過一五一十都告訴牧師，牧師說：「力群呀，你向神禱告，請神幫你找到一份工作，上帝垂聽了你的禱告，應允你的祈求，上帝暗中差使你和阿虎見面，給你一個工作，但是你的驕傲讓你沒有伸手接住上帝給你的應許，於是撒旦趁虛而入，建仁出現了，你的貪婪心讓你離開上帝的道，伸手擁抱撒旦。今天有這樣的結果，你要向上帝誠心懺悔，也要接受法律的審判。」

力群的故事給我們一個啟示，一個人用正確的態度對神禱告，上帝是會垂聽的，也會給予回應，但是罪的因子會讓人拒絕上帝的手，於是撒旦便利用罪的心理偷偷混了進來，人反而握住了撒旦的手。所以禱告之後，要留心接收上帝的回應，不要誤吃了撒旦的毒糖果。

上帝是以色列人專有的神嗎？

剛剛開始讀《聖經》的時候，常常讀到上帝耶和華是「以色列的神」，上帝耶和華是「亞伯拉罕、以撒、雅各的神」，而以色列人也稱上帝耶和華是「我們的神」，於是會造成讀者一個印象：上帝耶和華是以色列人的民族神。

翻開《舊約聖經》，都在記載上帝和以色列人的互動關係，全書到處瀰漫著上帝對以色列人的保護和關愛，上帝稱以色列人為「我的兒女」，親切的程度真像父子或父女，這就更讓人覺得上帝是以色列人專有的神，以色列人和上帝的關係，超過其他宗教的人與神的關係。在《聖經》裡記載上帝如何幫助以色列人去打敗其他族群的人，幫助以色列人占領迦南地，打敗迦南地的原有住民，上帝的作為處處在保護以色列人，這就會讓初讀《聖經》的人更加肯定上帝是以色列人的民族神，上帝耶和華是以色列人專有的神。

如果上帝真是以色列人專有的神，那麼我們中國人為什麼要信上帝耶和華呢？我們中國人為什麼要去信奉以色列人專有的神呢？

其實，把上帝當成以色列人專有的神乃是一個錯誤的印象，上帝是全人類的神，不是以色列人專有的神。

不過，問題是《聖經》明明說上帝是以色列人的神，上帝也說以色列人是祂的兒女，那該如何解釋呢？

要解釋上帝耶和華是不是以色列人專有的神，要從全本《聖經》來觀察，不可以用一字一句咬文嚼字的方式來分析。首先要瞭解以色列這個「民族」是什麼時候形成的？大約在西元前二十二世紀中期，在迦勒底的吾珥（約在幼發拉底河下游，靠近波斯灣，今伊拉克境內）出生了一個嬰兒，名叫亞伯蘭，大約在西元前二一〇〇年左右，上帝呼召亞伯蘭帶領家人離開吾珥，往西走到地中海邊的迦南去，並且要亞伯蘭改名為亞伯拉罕。亞伯拉罕帶著妻子撒拉和家人以及一群牛羊來到迦南，上帝應許亞伯拉罕把迦南地賜給他的子孫作為產業，但這時的亞伯拉罕已經七十五歲，妻子撒拉六十五歲，撒拉尚未生孩子，而兩人已都是老年人了，不過亞伯拉罕相信上帝的應許，就一直等著，等了十年，毫無動靜，撒拉覺得自己已經過了生育期，不可能生孩子了，便勸丈夫娶自己身邊的使女埃及人夏甲為妾，夏甲為亞伯拉罕生了一個兒子，取名叫以實瑪利。夏甲生了兒子，在家中地位上升，表現驕傲，遂和撒拉發生爭執。過了十幾年，撒拉奇蹟式懷孕了，隔年生下一個小男孩，取名以撒。撒拉見自己有了兒子，便逼亞伯拉罕把夏甲和以實瑪利趕出去。以撒長大後結婚，娶了利百加為妻，利百加生了一對雙胞胎兒子，取名叫雅各和以掃。雅各七十七歲時離家，獨自到外地去闖蕩，來到哈蘭，和兩位表妹拉結和利亞結婚，又娶使女辟拉、悉帕為妾，所以雅各同時擁有兩妻兩妾，這兩妻兩妾為雅各生下十二個兒子。這十二個兒子後來就發展成以色列民族的十二個支派，上帝命雅各改名為以色列，所以從雅各開始才有以色列民族。亞伯拉罕的兒子以實瑪利、以撒的兒子以掃，他們的後裔都不算是以色列人，只有雅各的子孫才是以色列人，所以以色列民族的範圍是有限的，以色列民族的人數也並不很多。《聖經．民數記》的記載，摩西率領以色列人出埃及後，曾數點以色列人的人數，核計的結果是二十歲以上能服兵役的男丁共六十萬三千五百五十人，但利未支派未計算在內，此外，婦女和二十歲以下的未成年人也沒計算在內，如果加上利未支派和婦女、未成年人，人口總數大約在二百萬到二百五十萬人之間。

上帝揀選以色列人作為祂的子民，上帝要親自帶領以色列人，所以以色列人被稱為上帝耶和華的選民。上帝為什麼會揀選一個民族作祂特定的子民呢？這要從創世之初談起。

上帝創造了亞當和夏娃，是把自己的善性給了亞當、夏娃，在伊甸園中，亞當、夏娃受了蛇的誘惑，吃了分別善惡樹的果子，讓罪性進入亞當、夏娃的身體裡，這罪性成為遺傳的因子之一，從此人類就開始有了罪性。到第二代，也就是亞當、夏娃的兒子該隱和亞伯，罪性就顯露出來，該隱在田間把亞伯殺了，這是人類的第一宗謀殺案，從此，罪就在人類社會中蔓延開來，貪婪、嫉妒、色慾、仇恨、欺詐、暴力等等惡行到處可見，《聖經．創世記》說：「耶和華見人在地上罪惡很大，終日所思想的盡都是惡，耶和華就後悔造人在地上，心中憂傷。耶和華說：『我要將所造的人和走獸與昆蟲以及空中的飛鳥都從地上除滅，因為我造他們後悔了。』惟有挪亞在耶和華眼前蒙恩。」於是上帝耶和華命挪亞造方舟，挪亞和妻子以及三個兒子，三個媳婦進了方舟，上帝降下洪水，淹沒全地，地上的人全都淹死了，只留下挪亞一家八口。

挪亞的後代迅速繁殖，地球上人口又增加起來，然而新增加的人口仍然帶著罪性，使社會又充滿罪惡，到亞伯拉罕時，有兩個人口眾多、經濟繁榮的城市所多瑪和蛾摩拉，城裡的人都非常強暴凶惡，上帝要毀滅這兩座城，亞伯拉罕對上帝說：「假若那城裡有五十個義人，你還要剿滅那地方麼？將義人與惡人同殺，這斷不是你所行的。」耶和華說：「我若在所多瑪城裡見有五十個義人，就饒恕那地方的眾人。」亞伯拉罕說：「如果五十個義人少了五個，你還是要毀滅全城麼？」耶和華說：「若有四十五個，也不毀滅那城。」亞伯拉罕又說：「如果只有四十個呢？」耶和華說：「也不滅這城。」亞伯拉罕又緊追著問：「如果只有三十個、二十個、十個呢？」上帝說：「只要有十個，也不滅那城。」結果，在所多瑪、蛾摩拉連十個義人都找不到，於是上帝降下天火，毀滅了這兩座城，城裡所有的人都死光了。

從上面的故事可以看出來，在大洪水之後，人類社會依舊充斥著罪惡。上帝看著人類如此發展下去，感到憂心，祂不想再來一次大洪水、大毀滅，祂想用另外一種方法來改變人類，祂要選擇一個族群，祂親自來帶領，讓這族群成為一個沒有罪惡的族群，成為地上其他族群的榜樣，這是上帝耶和華要做的實驗。上帝選中了以色列作為祂實驗的標的，祂帶領以色列人出埃及，脫離奴隸身分，為以色列頒布十誡，並且透過摩西給予以色列人許多生活規範，祂希望以色列成為一個純潔正直、遠離罪惡的民族。

然而，事實的演變讓上帝十分憂傷，當摩西上西乃山接受十誡的時候，以色列人竟在山下鑄造了金牛犢當神來敬拜，這事惹得上帝大為憤怒，想要滅絕以色列人，摩西苦苦哀求，上帝才改變主意，願意繼續帶領以色列人去迦南地。

在上帝庇護之下，以色列人終於占領了迦南地，並且建立了王國。然而，在將近一千年間，以色列人經常違背上帝，做出了許多罪惡的事情，上帝透過幾個先知，一再警告以色列，要以色列人脫離罪惡，歸回上帝，可是以色列人沒有反省認罪，上帝便預言以色列將會滅亡。到西元前五八六年七月巴比倫人攻陷耶路撒冷，終於使以色列瓦解。

在以色列將被滅亡之前，上帝透過先知以賽亞宣告「埃及人要與亞述人一同敬拜耶和華」，這表示上帝已將眼光移向以色列以外的外邦人，耶和華說：「我必將萬民萬族聚來，看見我的榮耀。」又說：「必將我的榮耀傳揚在列國中。」上帝如此說是因為所有的人類都是祂的子民。

耶穌的降生是上帝要尋找那久已失散的廣大眾多的子民，耶穌在世主要的任務是宣揚福音，他要門徒也去宣揚福音，這宣揚福音的對象不限於以色列人，而是要「從耶路撒冷起直傳到萬邦」。耶穌顯然表明要把福音傳遍全世界，讓全世界的人都來信奉上帝，耶穌這個舉動激怒了以色列人，因為以色列人相信上帝耶和華是他們的神，這位神兩三千年來一直保護著以色列民族，所以他們把上帝耶和華看成是以色列的民族神，非以色列人——也就是外邦人怎可以分享上帝的恩惠呢？雖然耶穌行過許多神蹟，醫好痲瘋病人、讓瞎子能看見、讓聾子能聽見、讓癱瘓的能行走，這些神蹟讓人震驚，更相信上帝的大能力，但當時沒有大眾傳播工具，只靠口耳相傳，所以知道的人仍然有限，重要的問題是，上帝的大能力是以色列人獨享的恩典，為什麼要給外邦人？從長遠歷史的經驗得知，以色列的鄰國都和以色列發生過戰爭，縱使有些鄰國和以色列曾結過盟，但最後也會成為仇人，所以以色列人對外邦人總抱著懷疑、對立甚至仇視的態度，現在耶穌要把大能的上帝推給外邦人，這是違背了民族利益，於是造成以色列族群中大多數人的憤怒，這種憤怒可說是大嫉妒的表現。以色列的大祭司和文士們也嫉妒耶穌所行的神蹟，這是以色列族群少數領導人的小嫉妒，小嫉妒帶著大嫉妒便形成一股反耶穌的勢力，在這股反耶穌的勢力攪動下，耶穌就被釘死在十字架上了。

耶穌死後，使徒保羅在小亞細亞和希臘傳福音，保羅是專向外邦人宣揚福音的傳道人，在小亞細亞和希臘的以色列人拚命反對保羅，保羅所到之處，以色列人隨時都汙衊保羅、恐嚇保羅、追殺保羅，指責保羅是以色列的叛徒，可見以色列人多麼不願意讓外邦人信奉上帝耶和華。

然而上帝的意志和大能是無人能阻擋的，以色列人想讓上帝只守護以色列，上帝的旨意卻是要把福音傳遍全世界，以色列人豈能綁住上帝的雙腳！當耶穌和保羅的時期，整個中東地區和歐洲都受羅馬帝國的統治，羅馬帝國的歷任皇帝都有他們自己信奉的神，其中有幾位殘暴的皇帝甚至仇視基督徒，許多基督徒被羅馬政府處死。如此看來要把上帝信仰傳遍世界真是困難重重。然而以色列人的反對和羅馬政府的迫害，絲毫不能動搖上帝要把福音傳遍世界的決心。到西元三世紀，上帝感動了羅馬帝國的君士坦丁大帝，使君士坦丁大帝成為第一個接受基督信仰的羅馬皇帝，羅馬政府不但停止迫害基督徒，更幫助推廣基督教福音，到西元四世紀，基督教竟成為羅馬帝國的國教，整個歐洲，包括希臘、義大利、德國、法國、俄羅斯、烏克蘭等，都信奉了上帝，一直到今天，歐洲仍是基督信仰最深厚的地方。

從上面所述歷史演變來看，上帝實在是全人類的神，雖然有一段時間，上帝似乎只關注以色列，忽略了其他子民，但當上帝結束了祂的實驗計畫以後，祂回頭照顧以色列以外的子民，從耶穌降生開始，上帝的光逐漸照進歐洲、非洲、美洲和亞洲，中國是上帝的光較晚照到的地方，這是中國遲來的福氣。

透過歷史可以確切地瞭解，上帝不是以色列人專有的神，上帝是全人類的神。

基督教與猶太教

大家都知道基督教和猶太教本是同一根源的宗教，都信仰上帝耶和華，但為何卻造成互不相容，互相鬥爭呢？

猶太教創始於摩西，當以色列人在摩西率領下走過紅海，來到西乃山下，上帝耶和華賜給摩西兩塊石版，上面刻著十條誡命，這是上帝要以色列人遵守的十條生活規律，接著上帝又要摩西宣布了三百多條有關祭祀、生活、人際關係等方面的規則，這些規則稱之為律法，要求以色列人遵守，十誡和律法都是上帝要求以色列人遵守的規範，是每一個以色列人一生必知必行的生活準則。從摩西開始的這個信仰並沒有名號，以色列人只稱他們信仰的是「我們的神」、「上帝」、「耶和華我們的神」。後來以色列人所建立的國家，包括以色列國、猶大國，都滅亡，而且以色列人被強迫離開巴勒斯坦地區，分散到中亞、非洲和歐洲各地，才改稱這個民族的人民為猶太人，而以色列人原信仰的宗教稱為猶太教。

以色列人在巴勒斯坦地區建立了兩個王國，以色列國和猶大國，西元前七二二年以色列國被亞述滅亡，西元前五八六年猶大國被巴比倫滅亡，從此以色列人失去自己的國家。其實在亡國之前，以色列人表面上是祭拜上帝耶和華，實際上也敬拜許多別的神，亡國之後，猶太人痛定思痛，他們自我反省，深深覺悟到他們會遭亡國之痛是由於他們在信仰上的不忠心，因而招惹上帝耶和華的發怒，於是亡國後的猶太人放棄對別神的崇拜，回到只單單敬拜上帝耶和華，甚至表現出比從前更虔誠地信仰上帝。所以，從西元前五八六年後是猶太人較之前更衰弱的時候，但卻是猶太教愈來愈堅強的時候。

耶穌降生在猶太家庭，自然是猶太教徒，他三十歲開始宣揚福音，最初，耶穌和他的門徒們並沒有創立新宗教的意思，耶穌遵行摩西律法，熟讀《舊約聖經》，也在猶太會堂講道，然而卻遭到猶太教中兩大領導派系的反對，這兩大領導派系是撒都該人和法利賽人，他們掌控了大多數猶太人的思想和行動，以致許多猶太人也起來反對耶穌。

耶穌為什麼會招致猶太人的反對呢？導火線是耶穌不遵守猶太人的「傳統」，在摩西頒訂律法後，有些猶太教的領袖為了強化律法，擅自加進許多禁止的規定，例如律法中要守安息日，守安息日的用意是當人們辛苦工作六天以後，要有一天休息，不要做工，以便恢復疲勞，但後來猶太的宗教領袖卻規定安息日什麼都不能做，連走路走多遠都有規定，猶太人也都遵守了，這不是律法的規定而是延伸出來的規定，耶穌認為那只是「傳統」，不是律法，這和猶太人的社會觀念相衝突。猶太人認為耶穌在挑戰律法，其實耶穌是贊成律法的，只是他不認同許多傳統。從耶穌的生活言行來看，他是百分之百的猶太人，他絕對沒有反猶太的言論，更沒有去猶太化的思想，耶穌沒有反對律法，耶穌也沒有否定猶太宗教領袖的權威，耶穌只是遵照上帝耶和華給他的指示，做一些改革，讓猶太人能夠瞭解上帝的旨意，能夠得救。所以耶穌實際上是猶太教的改革者，耶穌不是要背叛猶太教。

然而，當時大多數的猶太人完全不瞭解耶穌的心意，尤其是猶太的宗教領袖如大祭司、祭司、長老、文士等看到耶穌顯示了許多神蹟，內心十分震驚，害怕猶太人會去跟從耶穌，所以萬分嫉妒耶穌，加上耶穌說聖殿將要全毀，聖殿是猶太教宗教領袖權威的象徵，聖殿倒塌豈不是表示這些宗教領袖的敗亡嗎？猶太教宗教領袖們怎能容忍得下？於是猶太宗教領袖們鼓動猶太百姓起來反對耶穌。耶穌雖然是由羅馬總督彼拉多下令釘死在十字架上，事實上彼拉多是在猶太宗教領袖和猶太百姓威脅之下，下了處死耶穌的命令，所以殺了耶穌的是猶太人。

耶穌被釘十字架揭開了基督教和猶太教分道揚鑣的序幕，接著司提反被猶太教徒活活地打死，成為基督教的第一位殉道者，更是寫下基督徒和猶太教徒鬥爭的第一頁。

耶穌不是要反叛猶太教，但猶太教徒卻是耶穌的反對者，這裡有一個重要的原因，那便是耶穌揭露了天國的祕密，在《舊約聖經》裡幾乎只談人生現世的問題，也就是人活著的時候的行為規範。可是人死了以後又何處去呢？在《舊約聖經・列王紀》中記載諸王無論活著的時候的作為，是耶和華眼中看為正的事或看為惠的事，他們死了就是「與他列祖同睡」，並沒有講到死後靈魂歸於何處，更沒有提到「天國」、「天家」，似乎人的肉體死亡，他的生命便結束了。〈傳道書〉是《舊約聖經》中談人生最多的書卷，在〈傳道書〉第三章十一節說：「神造萬物，各按其時成為美好，又將永生安置在世人心裡，然而神從始至終的作為，人不能參透。」〈傳道書〉的作者雖然提出了「永生」，但他說：「人不能參透。」所以在舊約時代，「永生」是一個人還不能參透的祕密，這個祕密要等耶穌來解答。

耶穌揭示了天國的奧祕，人的肉體死亡不代表生命的結束，人死以後靈魂經過審判將可復活，得到永生，如果未能通過審判，則將成為永死，進入地獄，能通過審判而進入天國就是得救，耶穌希望人人都能得救，所以耶穌願意接近每一個人，包括罪人，〈路加福音〉第五章二十七至三十二節記載了一段耶穌的經歷：「耶穌出去，看見一個稅吏名叫利未，坐在稅關上，就對他說，你跟從我來。他就撇下所有的，起來，跟從了耶穌，利未在自己家裡為耶穌大擺筵席，有許多稅吏和別人與他們一同坐席。法利賽人和文士就向耶穌的門徒發怨言說，你們為什麼和稅吏並罪人一同吃喝呢？耶穌對他們說，無病的人用不著醫生，有病的人才用得著。我來本不是召義人悔改，乃是召罪人悔改。」耶穌這種說法是法利賽人未曾聽過的，他們當然不能接受。為了讓世人得救，於是耶穌勉勵他的門徒要把福音傳到地極，讓各地、各國、各族的人民都來接受福音，這種說法更讓猶太人（不限於法利賽人）大為不滿，在《舊約聖經》裡一再提到「耶和華是以色列的神」，上帝也稱以色列人為「我的兒女」，在長期的教導之下，猶太人便認定上帝耶和華是猶太民族的神，從歷史紀錄來看，上帝耶和華幫助猶太人打敗許多強敵，幫助猶太人度過許多難關，耶和華實在是猶太人的保護神。耶和華是專門保護猶太人來對抗外邦人的神，現在耶穌竟然說耶和華也要保護外邦人，這實在是猶太人不能接受的，怎能不群起反對呢？像使徒保羅在認識耶穌之前就大力地反對耶穌，盡力為猶太教來打擊基督徒，他還自認為那是忠於上帝，這是受自摩西以來一千五百年的歷史教育影響的結果。如果不是耶穌親自向保羅顯現，恐怕保羅一輩子都擺脫不了歷史觀念的綑綁，終身會為猶太教來打擊基督徒。

另外一個讓猶太人反對耶穌的原因，是耶穌自稱是上帝耶和華的兒子。猶太人熟讀《舊約聖經》，在《舊約聖經》裡沒提到過上帝耶和華有兒子，在〈申命記〉第六章四節記載說：「以色列啊，你要聽，耶和華——我們的神是獨一的主。」這「獨一」二字明白表示猶太教是一神教，沒有另一個神，而〈羅馬書〉第十章十三節、〈腓立比書〉第二章六至十一節直接指耶穌是神，將耶穌的地位提升到和耶和華神相等，這對第一、第二世紀的猶太人來說是和一神觀念背道而馳的。請注意，這時候「三位一體的神」理論尚未出現，於是猶太人會認為耶穌自稱是神的兒子是褻瀆了上帝耶和華，猶太教徒怎能不反對基督教呢？

其實，當耶穌還在世的時候，耶穌對於那些頑固的猶太人已經表示不滿，〈約翰福音〉第八章四十四節中耶穌指那些不信他的猶太人說：「你們是出於你們的父魔鬼。」這種指責是極為嚴重的，也顯現出基督教和猶太教之間有著很深的裂縫。耶穌曾強烈指責法利賽人，而法利賽人只是猶太人中的一小部分，但由於耶穌赤裸裸的指責，第一、第二世紀的基督徒把這些話不斷放大，使其漸漸成為全體猶太人的罪過，這使得基督教和猶太教越行越遠。

在耶穌升天之後，基督教和猶太教就開始分道揚鑣，最初，基督教仍依附在猶太教之下，基督教沒有自己的會所，要到猶太會堂講道，這些講道的基督徒常常被猶太教徒毆打，只要讀讀〈使徒行傳〉就可以發現基督徒傳福音是一件又困難又危險的事，保羅在傳福音的旅程中，最大的敵人不是羅馬官府，而是猶太教徒。所以，在最早期，是猶太教在逼迫基督教，猶太教的祭司長有權力可以逮捕基督徒，將他們關進監獄，因為信仰耶穌基督本身就是一項嚴重的罪名。

然而，基督教的使徒們努力對外宣揚福音，不怕苦，願意犧牲，讓福音在耶路撒冷以外的地區迅速推廣，尤其是非猶太人信奉基督教者急速增加，漸漸地在中東、小亞細亞、北非、歐洲各地，基督教紛紛成立自己的教會組織，值得重視的是各地基督教教會中非猶太人的人數占了多數，猶太人的比重在逐年下降，這就使猶太化的基督教逐漸轉變成為希臘化、羅馬化的基督教，這種基督教宗教文化的轉變，固然有利基督教由地區性、民族性的宗教走向全球性、全人類的宗教，卻也使基督教和猶太教更加對立相爭。到了四世紀以後，基督教成為羅馬帝國的國教，勢力大增，有了政治力作後盾，基督教成為一枝獨秀的宗教，猶太教便不能和基督教相抗衡了。

舊約的上帝和新約的上帝是同樣的神嗎？

有一個朋友受洗一年多，有一天對我說：「我最近把《聖經》讀了一遍，我想請問你，耶穌和上帝耶和華是不是同樣的神？」

我回答說：「耶穌是上帝耶和華的獨生子，也是神，依照三位一體的說法，耶穌和上帝是兩個不同的位格，卻是同一的神，耶穌可以代表上帝，所以信耶穌就是信上帝。」

他遲疑地對我說：「我仔細讀了《聖經》，感覺到舊約的上帝和新約的耶穌不一樣，舊約的上帝好像對人很嚴厲，會殺很多人，可是新約中的耶穌卻一再強調慈愛、憐憫、寬恕，舊約的神和新約的神感覺很不一樣，所以我想問一個問題，舊約的上帝和新約的上帝是不是同樣的神？」

我這朋友所提的問題在基督教初期教會時就有人提出來談 ，的確，初讀舊約會發現上帝耶和華對人的懲罰是十分嚴厲而可怕的，上帝對人類曾有幾次集體性的殺戮，像在挪亞時，上帝用洪水把地上所有的人都淹死，只剩下挪亞一家八口，當時死亡的人數沒法估計；又如上帝降下天火，毀滅了所多瑪和蛾摩拉兩座繁榮的城市，兩座城裡的人全部死亡；又如上帝降災使埃及地的長子都死亡，造成埃及境內每一家都在痛哭；又如上帝在西乃山下命利未人殺他們自己的同胞三千人；又如在曠野中，上帝使地裂開，讓可拉黨人活埋到地下；又如以色列人在進入迦南地之前，上帝指示要將赫人、革迦撒人、亞摩利人、迦南人、比利洗人、希未人、耶布斯人都要滅絕淨盡。這些記載似乎都像上帝在施行屠殺，於是會讓人有一種感覺：上帝是很可怕的。現在我們來看新約，發現耶穌對人的教訓是要求人們慈愛、寬恕、憐憫，在〈路加福音〉第九章五十二到五十六節中記載耶穌到撒瑪利亞的一個村莊，那村莊的人不接待他，耶穌的門徒雅各、約翰看見了，就對耶穌說：「主啊，你要我們吩咐火從天上降下來，燒滅他們，像以利亞所作的嗎？」耶穌轉身責備兩個門徒說：「你們的心如何你們並不知道，人子來不是要滅人的性命，是要救人的性命。」耶穌說他是要救人的性命而不是要滅人的性命，這和舊約的上帝似乎並不相同，難怪會有人懷疑舊約的上帝和新約的上帝是不是同一位神了。

其實這種懷疑早在初期基督教會就出現了，在西元二世紀初，黑海岸的本都出生了一個小男孩，名叫馬吉安（Marcion），他的父親是主教，西元一四〇年馬吉安到了羅馬，受到諾斯底派的影響，馬吉安提出舊約和新約的上帝區分論，馬吉安認為舊約中的上帝基本上報復心重，祂只關心猶太人，為了猶太人祂不惜毀滅所有別的民族，而新約中的上帝是仁愛和憐憫人類的上帝，祂顯現在祂兒子耶穌基督的身上。馬吉安編纂了教會史上第一本《聖經》正典，被後人稱為「馬吉安正典」，在馬吉安正典中把舊約完全拋棄，新約中只有〈路加福音〉（刪去耶穌降生的部分）和保羅十封書信（包括〈加拉太書〉、〈哥林多〉前後書、〈帖撒羅尼迦〉前後書、〈以弗所書〉、〈歌羅西書〉、〈腓立比書〉和〈腓利門書〉）。馬吉安刪去舊約的理由是舊約的上帝只關心猶太人，為了猶太人不惜殲滅別的民族，這和新約中博愛的上帝不同，所以他不承認舊約。馬吉安的舉動受到羅馬教會嚴正的抨擊，指責馬吉安是異端，西元一四四年羅馬教會將馬吉安逐出教會。

我們如果深入一點來觀察舊約中上帝為什麼要實行幾次集體性的殺戮，就會發現上帝實在是在迫不得已的情況下才出手的。下面我們來分析一下：

在大洪水之前，上帝「見人在地上罪惡很大，終日所思想的盡都是惡，耶和華就後悔造人在地上，心中憂傷。耶和華說，我要將所造的人和走獸並昆蟲以及空中的飛鳥都從地上除滅，因為我造他們後悔了」（《聖經・創世記》第六章五—七節）。這時距離上帝初造人時不久，人就陷在惡中，上帝是聖潔全善的神，祂很憂傷自己手造之人竟然沉溺於邪惡之中，便想把這個局面全毀掉，讓一切從頭再來一遍，於是發生了大洪水之災。

其次是上帝降下天火毀滅了所多瑪和蛾摩拉兩城，所多瑪、蛾摩拉兩城充斥著貪淫、欺詐、凶暴、仇恨，是兩個罪惡之城，上帝答應亞伯拉罕，如果城裡有十個義人，就不毀滅這城，結果連十個義人都沒有，所以這城是一個十足的道德淪喪的地方，上帝除惡務盡，不得不用天火焚燒了所多瑪和蛾摩拉。

至於上帝在埃及殺埃及人的長子事件也是在不得已之下才發生的事，以色列人在埃及做了四百多年的奴隸，上帝要救以色列人脫離奴隸的身分，便叫摩西去向埃及法老王要求釋放以色列人離開埃及，法老不答應，心想這些奴隸是免費的勞動力，豈能釋放！於是上帝降下災害來警告法老，像將河水變成血讓埃及人不能飲用，像降下青蛙，使之布滿全地，像降下虱子、降下牲畜瘟疫、降下雨雹之災等等。當每次災情出現後，法老就會讓步，向摩西說允許以色列人離開埃及，但等災情停止，法老就反悔，自食其言，不肯讓以色列人離開，一連九次都是如此，這迫使上帝不得不用更激烈的手段，那就是殺埃及人的長子，上帝這個舉動讓埃及人家家痛哭哀號，法老受不了，只得叫摩西趕快領以色列人離開埃及。所以上帝降了九次災難，都無法讓法老釋放以色列人，在不得已的情形下只好用殺埃及人長子的方法逼迫法老釋放以色列人。

至於在西乃山下殺以色列人三千人的事是肇因於摩西被上帝召喚上了西乃山，在此上帝傳給摩西兩塊刻有十誡的石版，並口述律法。摩西在西乃山上留了四十天，以色列百姓見摩西遲遲不下山，不知道摩西出了什麼事，就聚集到亞倫面前，要亞倫作神像，可以在百姓前引路。亞倫便收集婦女們身上的金環，鑄了一隻牛犢，並在牛犢前築壇祭拜，把金牛犢當作領百姓出埃及的神。上帝看到這種情形，便大發烈怒，對摩西說：「我看這百姓真是硬著頸項的百姓，你且由著我，我要向他們發烈怒，將他們滅絕。」摩西趕快為百姓求情，請祂饒恕，上帝乃回心轉意，不降災禍給以色列百姓。

摩西下山看到金牛犢，便發烈怒，將兩塊石版摔破，站在營門中說：「凡屬耶和華的都要到我這裡來。」於是利未的子孫都到他那裡聚集。摩西對他們說：「耶和華以色列的神這樣說，你們各人把刀跨在腰間，在營中往來，從這門到那門，各人殺他的弟兄與同伴並鄰舍。」利未的子孫照摩西的話行了，那一天，百姓中被殺的約有三千。以上是《聖經．出埃及記》第三十二章所記載，自此可以看出以色列百姓三千人被殺，乃是由於鑄造金牛犢加以祭祀，引起上帝的怒氣，上帝原本要滅絕所有的以色列百姓，現在殺了三千人是在警戒其他的以色列百姓，以後不可再祭拜偶像。

至於上帝殺可拉黨人的事記載在《聖經．民數記》第十六章中，可拉屬以色列的利未族，他和以色列會眾的二百五十個首領聚集攻擊摩西和亞倫說：「你們擅自專權，全會眾個個既是聖潔，耶和華也在他們中間，你們為什麼自高超過耶和華的會眾呢？」這明顯是叛逆的舉動，摩西的領導地位是上帝所指定的，挑戰摩西實在就是挑戰上帝，第二天摩西命可拉和他的同黨聚集，命其他百姓離開，和可拉黨人保持一段距離，忽然可拉黨人腳下的地裂開了口，可拉黨人和他們的家眷都沉到地下去，之後地面上又合併起來，可拉黨約一百多人都活生生埋到地下。這次事件是上帝在警告以色列百姓不可自傲自大，做出叛逆的事。

至於殺戮迦南人的事件，乃是由於當時迦南人生活淫亂，欺詐凶暴，社會腐敗黑暗，類同所多瑪、蛾摩拉，甚至還拜許多邪神，有殺嬰兒獻祭的習俗，上帝認為這種社會已無可救藥，如不徹底剷除，將如癌細胞一樣蔓延開來，後果便更為可怕了。所以消滅迦南人像是對癌症患者進行開刀手術，割掉壞的組織，讓新的健康細胞生長出來。

從上面的說明可以知道上帝有幾次大規模的殺戮、毀滅，都是事出有因，都是在逼不得已的情形下才出手殺人。在上帝的神性中有公義和憐憫兩個特性，所謂公義是合於上帝的標準的義，像人心裡的良知和道德以及上帝頒布的律法都是公義，人如果違反了上帝的公義，上帝就會加以懲罰，這種懲罰可能發生在人還活著的時候，也可能發生在人死後受到審判的時候。所以舊約裡幾次大規模的毀滅，乃是上帝施行公義的表現。

其實，除了公義，上帝也是憐憫的神，祂憐憫人犯了罪，只要人認罪悔改，祂就會停止懲罰行動，約拿的故事就是典型的事例。尼尼微是靠近地中海邊上的一座大城，商業發達，經濟繁榮，但是尼尼微城裡充滿了罪惡，在《舊約聖經・那鴻書》第三章裡記載尼尼微的景況：「禍哉，這流人血的城，充滿謊詐和強暴，搶奪的事總不止息，……馬兵爭先，刀劍發光，槍矛閃爍，被殺的甚多，屍首成了大堆，屍骸無數，人碰著而跌倒，都因那美貌的妓女多有淫行，慣行邪術，藉淫行誘惑列國，用邪術誘惑多族。」上帝差遣約拿到尼尼微去，向尼尼微的居民宣告，上帝已經聽到尼尼微的各種惡行，再等四十天，上帝就要傾覆尼尼微，尼尼微人信服上帝，便宣告全城的人都禁食，身穿麻衣，連尼尼微王也脫下朝服，披上麻布，坐在灰中，並且下令告知全城的百姓要禁食，連牛羊都不可以吃草喝水，人和牲畜都要披上麻布，大家都來求告上帝，各人回頭離開所行的惡道，丟棄手中的強暴，或許上帝轉意，不發烈怒，使尼尼微不致滅亡。上帝察看尼尼微人的行為，見他們離開惡道，就不把所說的災禍降與他們，這樣就讓尼尼微逃過劫難，否則尼尼微就會變成第二個所多瑪了，這也表現出上帝的憐憫之心。

公義和憐憫都是神獨有的特性，何時施行公義，何時施行憐憫由上帝決定，在舊約中，上帝表現出來的公義似乎比憐憫多，而新約中的上帝（耶穌）則表現出憐憫多於公義。為什麼會有這種轉變呢？我們舉一個現實世界的小故事：

一個父親帶他十八歲的兒子到孔廟參加成年禮，典禮完成後，父親帶兒子到一家安靜的西餐廳吃晚飯，吃飯之前，父親用嚴肅的口吻對兒子說：「恭喜你長大成人了，我以前對你十分嚴格，你犯了錯我就會責罵，甚至還要打你，我知道我對你太嚴厲了。」

兒子打斷父親的話說：「爸爸，我知道你的打罵都是為我好，怕我走上歪路，犯更大的錯。」

父親握住兒子的手說：「孩子，謝謝你瞭解我的苦心。從今天開始你不再是青少年了，你是成人，我對你的態度要改變了，我盡量不再責罰你，我會溫和地告訴你該如何做人處世，我會陪伴你、扶持你。」

這故事中父親所說的話，相信許多做父親的人都會有同感。孩子從幼年時期到青少年時期都須要管教，這段時期內，父親對兒子往往懲罰多於獎勵，讓兒子瞭解是與非、善與惡，等兒子長大成人，父親就大大減少懲罰，增加讚美。上帝對人類亦復如此，當上帝初造人時也就是舊約時代，上帝把人當成幼年和青少年時期的兒子，難免管教比較嚴格，懲罰比較多，當耶穌降生人世，上帝認為兒子已經成年，便改變對待兒子的方式，於是新約時代的上帝顯得較多憐憫，這也就是耶穌提出的博愛。

公義和憐憫是神的兩個特性，表現出來的是懲罰與愛護，這兩者會相互運用，如果只有公義而沒有憐憫，人會畏懼神而逃避神，如果只有憐憫而沒有公義，人會無所顧忌而遠離神。所以上帝如何適當地運用公義和憐憫，真是煞費苦心。在這世界上，一個盡責任的父親在養育兒子的歷程中應該都能體會到拿捏處罰和獎勵的重要性，當兒子長大成人後，父親就不會動手打罵兒子，這不是父親換了一個人，只是父親對兒子態度的轉變而已。同樣，舊約的上帝傾向執行公義，新約的上帝表現出慈愛，也只是態度的轉變，不能說舊約的上帝和新約的上帝不是同一的神，上帝是永遠不變的神。

中國人信上帝嗎？

我剛受洗成為基督徒時，有朋友問我：「你是教中國歷史的教授，為什麼會信外國人的上帝呢？」

我的這個朋友會提出這個問題，是因為他不瞭解上帝，他只看到基督教由歐洲人傳來中國，而耶穌又是以色列人，所以他會認為上帝是外國人的上帝。其實，這是錯誤的，把上帝看成是外國人的上帝乃是皮毛的看法，事實上，上帝早就是中國人的上帝，「基督教」的名稱雖是明朝時候才傳入中國，但上帝的實質早就在中國生了根，中國人早就信了上帝。

讀過《聖經》的人都知道，上帝是基督徒信奉的神，在中國，早在春秋時代就出現了「上帝」這個名詞，在四書之一的《中庸》裡就說：「郊社之禮，所以事上帝也。」

郊社是周天子祭祀天地的禮儀，而《中庸》明白地說，祭天為的是事奉上帝，可見周代時，中國人已經拜上帝了。

不過，中國人雖然早在孔老夫子的時代已經知道上帝，但中國人較少提到上帝這個名詞，而歡喜用「天」這個字替代「上帝」這個名詞，既然祭天就是事奉上帝，所以「天」和「上帝」是同樣的意義。

中國人歡喜用「天」這個字，在說話的時候常會很自然地說出來，譬如：天網恢恢、天衣無縫、天從人願、天公地道、天人交戰、天機不可洩露……等等，都是大家在談話的時候常用的詞語，這種有關「天」的詞語實在太多，這顯示中國人腦海中對「天」的印象特別深刻。

「天」究竟是什麼？中國人認為「天」是看不見、摸不著卻又無所不在，具有無所不能的力量，如果把中國人對天的看法分析一下，天至少包含四個特質：

一、天是至高無上的主宰

中國最早的字典是東漢時許慎所編的《說文解字》，《說文解字》中給「天」字的解釋是「至高無上」。天不但是至高無上的，而且萬事萬物都是天所賜給的，譬如人的資質叫天賦或天分，大的自然災害叫天災，人的良心叫天良，人的性格叫天性。天是最高又有主宰能力的，唐太宗李世民被北方的外族稱為「天可汗」，原來北方外族的領袖叫可汗，當時北方外族都臣服於唐，唐太宗成了那些外族領袖的領袖，就被尊稱為「天可汗」，也就是可汗們中的最高領袖。

中國人傳統上是信奉多神的，但中國人相信天只有一個，所以中國人是信仰一天多神的社會，天是不能變的，不可以說這裡的天不好，我換一個地方去拜天，無論到哪裡，天只有一個，到處都一樣，所以在中國人心目中天比神明高，無論神、仙、佛、菩薩都在天之下，天才是至高無上的。

二、天掌控了人的命運

中國人一向相信命是掌控在天的手裡。秦朝末年，項羽和劉邦爭天下，項羽被圍困在垓下，兵敗自殺，臨死前，項羽說，我從起兵以來，大小七十餘戰，戰無不勝，攻無不克，今天竟落到這個地步，真乃是天亡我也。項羽認為他的失敗是天所決定的。中國人常說：「謀事在人，成事在天。」就是說一個人做事要靠自己去努力，但事情成不成功，是掌握在天的手裡。以一個人的經歷來說，當一個人找到理想對象，步入結婚禮堂，親友們會祝賀他：「天作之合」；結了婚後生下孩子，親友們來祝賀他說：「天賜麟兒」；後來又生了個女兒，親友們又大為稱讚說：「麗質天生」；女兒要結婚了，親友們來道賀說：「天賜良緣」。所有的好事都要感謝天的成全，天掌控了人的命運。

三、地上的權柄都是天所賜給的

中國古代的皇帝稱作天子，意思是天的兒子，為什麼要稱為天子呢？因為中國人認為天是至高無上的主宰，一個政治領袖的權力如果說是靠自己努力爭來的，那麼當另一個人覺得自己的力量很大時，他就會起來爭奪政治領袖的權位，因此為了安定人心，鞏固已得的權位，所以凡事取到統治權的君主都自稱天子，意思是說：我是天的兒子，我的權位是天賜給我，你們這些凡夫俗子縱使有力量，也不能反抗我，因為反抗我就是反抗天，這就是中國古代的君主都用「君權天授」的思想來鞏固自己的權位。

除了皇帝之外，政府的官吏和教師也是天授予他們權柄，在《尚書・泰誓上》說：

「天祐下民，作之君，作之師。」意思是說，天愛護人民，給那些有能力的人作為君，君包括皇帝和官吏，來治理人民，給那些有智慧的人作為老師，來教導人民，所以君和師的權柄都是來自天。

四、天會執行公義的審判

中國人相信天是不偏不倚，最為公正的，而且有審判是非善惡的能力。中國人把那些能執行公義審判的官員稱為「青天」，其中最為家喻戶曉的就是「包青天」，包公審案鐵面無私，公平公正，就像天在審判一樣。

以上說的是中國人心目中「天」的四個特質，在基督教中的上帝也有四個特質。

一、上帝是至高無上的主宰

在《聖經》裡明白地記載，宇宙萬事萬物，包括日月星辰山河生物和人類都是上帝創造的，上帝是造物主，是至高無上的主宰。在《聖經・詩篇》裡就常用一句話來稱頌上帝，說上帝「超乎萬神之上」，所以上帝是至高無上的。這個特質和中國人對天的看法是一樣的。

二、上帝操控人的命運

基督教認為人的命運是受到上帝的掌控，在《聖經》裡記載了摩西率領以色列人離開埃及，脫離奴隸的生活，經過四十年的遷移，終於抵達迦南（就是今天的以色列地），這一路的過程全由上帝引領，連在荒漠之地的生活物資也是上帝供給。在以色列民族中有一個偉大的英雄——大衛王。大衛原是一個不受人重視的牧童，後來竟成為以色列王，他一生的起起伏伏全都受到上帝的掌控。

以色列人相信上帝掌控了人的命運，這個特質和中國人相信命運天注定的想法完全一樣。

三、地上的權柄都是上帝所賜給的

以色列人相信地上的權柄都是上帝所賜給的，所以以色列的王像掃羅王、大衛王、所羅門王等都是由祭司膏立的，祭司的身分代表上帝，所謂「膏」就是在頭上澆油，表示上帝賜給的意思，也就是說這些王是上帝給他們權位的。使徒保羅就明白地說：「沒有權柄不是出於神的，凡掌權的都是神所命的，所以抗拒掌權的，就是抗拒神的命。」這種觀念和中國人的君權神授想法是相同的。

四、上帝會執行公義的審判

基督教認為一個人為善為惡，最後都要經過上帝的審判，上帝的審判是公正的，一個人可以上天堂或下地獄，由上帝審判，上帝是最後審判的主持者。這個特質和中國人對天的看法是相同的。

上面談到中國人對「天」的觀念有四個特質，而基督教的「上帝」也有四個特質，「天」的四個特質和「上帝」的四個特質完全相同，可見在十九世紀以前，基督教還沒有普遍在中國傳揚開來之前，中國人信「天」，實際上就是信「上帝」，在《中庸》這本書裡早就明說「祭天」就是事奉上帝，所以「天」和「上帝」是相等的，只是後來中國人習慣用「天」的稱呼，便讓「上帝」的稱呼隱藏起來，所以在基督教傳入中國之前，中國人早就信「上帝」了。

也許有人會說，既然中國人的「天」和基督教的「上帝」一樣，那麼中國人信天就好了，何必信上帝呢？其實不然，中國人講的天是極為抽象的，而且高不可攀，一個人遭遇困難固然可以求天，但天多半不會立即回應你，讓你會覺得「叫天天不應」，天實在太高了，所以中國人遇到困難時，雖常叫：「天哪，天哪。」但卻會轉去求比天低的鬼神。但是，上帝則不一樣，上帝是至高無上的，卻不像天那麼抽象，上帝是有感情、有喜怒的，而且讓人感覺到上帝更為具體，和自己距離很近，人如果誠心祈禱，便可以和上帝作雙方溝通，當一個人遇到困難而痛苦不堪或徬徨無主時，很難求得天的立即支持，但卻可以得到上帝的安慰、鼓勵甚至指示解決之道。所以，天和上帝都是一樣，但天高高在上，太遙遠了，讓人常感到「呼天不應」，而上帝則隨時在你的身旁，只要你呼求，祂就會伸手扶持你，所以對中國人來說，信天就是信上帝，只是遙遠的天不如身旁的上帝令人覺得更為親切，可以依靠。

基督信仰可以和中國文化相容嗎？

有一個朋友對我說：「基督教是一神教，崇拜上帝耶和華是唯一的真神，所以基督教有排他性，是一個唯我獨尊的宗教，這種宗教是不能容忍別的文化，所以，中國人如果擁抱中國文化就不能信奉基督教。」

這個朋友的說法是錯誤的，錯誤的重點是他把宗教和文化混為一談。我們先說文化是什麼意思？一般人類學和社會學對文化所下的定義是：文化是存在於人類社會中的一切人工製品、知識、信仰、價值和規範等等，它們是人類可以經由社會學習而得到的，並且可以世世代代相傳，使人們可以調適在生活或生存上面臨的各種問題。所以，文化是一個社會的特殊生活方式和生活的道理。

瞭解了文化的含義，就知道文化的內涵是極為廣泛的，文化包含了學術思想、哲學、歷史、文學、藝術、宗教、社會生活、經濟制度、法律、政治制度以及價值標準等等，而宗教只是文化中的一環。的確，宗教是文化中極為重要的一環，它會影響到文化中其他的環節，但畢竟只是一環，不是這個社會的整體文化。當然，一個宗教要在這個社會中生存下去就要融入這個社會的文化體系之中，使得這個社會中的人們認為這個宗教是他們肢體中的一部分，而不是肢體中的「異物」。

基督信仰所堅持的只是「一神信仰」，堅決相信上帝耶和華是唯一真神，這屬於宗教信仰的一環，對於社會中文化的其他部分並沒有堅持，所以基督教對各種文化都採取包容的態度，我們試從基督教發展的歷史過程觀察，就能瞭解到基督信仰對不同文化的包容性。

在耶穌降生以前，是舊約時代，舊約時代的猶太人的確有著強烈的排他心理，有著強烈的種族意識，所以猶太人是很少和外族通婚的，換句話說，舊約時代的猶太人是相當自我封閉的，他們要保持他們的傳統，所以拒絕外面一切的宗教和文化。耶穌的降生，改變了舊約時代猶太人的傳統，耶穌傳達了上帝耶和華的一個新旨意，那就是要把上帝耶和華的恩惠分散給全世界、全人類，耶穌是傳播這個福音的領導者，耶穌就是基督，基督的意思是救世主，耶穌基督的信徒被人們稱為基督徒，基督徒信奉耶穌基督，所以被稱為基督教。

基督教是要擁抱世界的，對於全世界各國家、各民族的文化都能包容，除了對神的信仰是不能妥協的之外，對文化中其他的環節都採取包容和尊重的態度，當西元四世紀的時候，羅馬帝國以基督教為國教，基督教便迅速地推廣到歐洲、亞洲西部和非洲北部，包括今天的希臘、義大利、西班牙、英國、法國、德國、波蘭、俄國、烏克蘭、北歐、土耳其、中東地區、埃及和非洲北部其他國家，在當時，這麼廣闊的地域是由許多不同的民族所居住，像希臘人、羅馬人、日耳曼人、法蘭克人、哥特人、埃及人、盎格魯撒克遜人、斯拉夫人等等，他們是不同的種族，他們說不同的語文，他們有不同的文化，但是他們都信奉了基督教。可見基督教能溶入不同文化之中，和各民族原有文化並不相衝突。

一個有趣的事例發生在中國，那是在明朝神宗皇帝的時候，義大利神父利瑪竇來到中國，一五八二年八月利瑪竇到達澳門，立刻開始學習中國的語言、文字，一年後，到廣東韶州建立了一座小教堂，展開宣教工作，在韶州待了六年，利瑪竇離開韶州到南京去，又到了北京，向明神宗進貢了一批禮物，明神宗特許利瑪竇住在北京。利瑪竇來中國後，不但學會了中國的語言、文字，而且穿起中國士大夫的儒服，順從中國人的禮節態度，尊重中國人的價值觀念，所以利瑪竇在北京得到政府官員和士大夫們的好感，除了利瑪竇的長相：藍眼珠、高鼻子的特徵外，大家幾乎都認同利瑪竇是中國人。

利瑪竇向政府官員和士大夫們傳福音，得到許多正面的迴響。其實，當時的中國士大夫是瞧不起外國人的，認為那些蠻夷之人文化落後，動作粗暴，但利瑪竇在北京一點也沒被人輕視，政府中幾個執政大臣如葉向高、馮慕岡、曹于汴、李之藻等都是利瑪竇的好友，北京的士大夫們對利瑪竇的學問道德無不敬重，許多人跟隨利瑪竇也信了基督教，其中最著名的是徐光啟和李之藻，徐光啟和李之藻全家都受洗成為基督徒。

利瑪竇在歐洲時便研究過天文學、數學，他到中國後曾向明神宗皇帝上了一個報告，首先很謙虛地表示自己是蠻夷之邦的人，自己所知道的實在很少，怎敢說超越中國古代的學識，然而自己所學的科學，倒是和中國古代聖賢的格物致知的道理完全吻合，他願意把自己所知道的事和中國人一起討論，互相切磋。明神宗看了這詞句謙虛的報告，便同意讓利瑪竇和朝臣們相互研究。於是利瑪竇便堂而皇之和朝臣們、士大夫們交往，一面講說天文學、數學等，一面宣揚福音，得到許多朝臣、士大夫們的信任和支持。

明神宗萬曆三十八年三月十八日利瑪竇在北京因病去世，明神宗准許利瑪竇葬在北京，並且賜下一個墓地，在墓地前面還建了一座教堂。

利瑪竇到中國宣教無疑是成功的，可惜利瑪竇死後，後繼無人，基督福音在中國漸漸消失了，然而從利瑪竇成功的事例可以證明基督信仰和中國文化並沒有不相容之處。

其實，基督信仰和中國文化在本質有很多相同的地方，我們可從下面幾點來談：

1. 敬天與敬神：中國人是敬天的，上自君主，下到庶民，無不敬天，天是至高的，是獨一無二的，中國人可以拜許許多多的菩薩、神仙，但比菩薩、神仙更高的是獨一無二的天，而《中庸》書中稱天就是上帝。這和基督信仰中的一神崇拜——上帝是唯一真神是相合的。所以，中國文化中的敬天和基督信仰中的敬神是相容的。

2. 重道德：中國人是一個極為重視道德的民族，在中國幾千年歷史長流中，道德從來沒有消失過。政治上可以不斷改朝換代，但無論誰來做王稱帝，都要高舉道德的旗號、中國文化中這種重道德的精神與基督信仰完全相同，摩西在西乃山上頒布了上帝的十誡，細讀這十條誡命，幾乎就是上帝給以色列人的道德律，可見基督信仰是極為重視道德的。所以在重道德的精神上，中國文化和基督信仰是一致的。

3. 重孝道：中國人說：「百善孝為先」，中國人是極重視孝道的，認為一切的善行以孝為第一，一個人如果不孝，一定不是好人，他縱使在其他方面有所表現，也會被認為非善類，所以西漢時代選拔官吏的方法之一是「舉孝廉」，就是由地方上推舉孝子和廉吏出來做官，孝子成為被推舉出來做官的資格，因為西漢人相信一個孝順的人是有愛心和忠心的，這種人出來做官對老百姓是有利的。在基督信仰中，「孝敬父母」是十誡中的一誡，凡是打罵父母的人必被治死，可見基督信仰中是要求人要孝順父母的，這和中國文化是相同的。

4. 重恕道：孔子的弟子談孔子的思想說：「夫子之道，忠恕而已。」恕是孔子思想中的重點之一，中國人秉承孔子思想，所以重視恕道，恕就是寬恕、原諒別人犯的罪過。基督信仰中「恕」的思想是核心之一，耶穌一再強調要原諒別人，彼得問耶穌說：「我弟兄得罪我，我原諒他七次可不可以？」耶穌的回答是要原諒七十個七次。那便是無止盡地原諒。在初代教會時，司提反很善於講道，有一天，許多猶太人圍住司提反，用石頭打死司提反，司提反臨死之前跪下喊著說：「主啊！不要將這罪歸於他們。」可見基督徒有極重的恕道精神，他們愛朋友，也愛敵人，這種恕道超越了中國文化中的「恕」。

從上述的四點觀察，中國文化和基督信仰的主要脈絡是相通的，所以中國文化和基督信仰是可以互相包容的。

在耶穌降生以前稱為舊約時代，從耶穌之後開始進入新約時代，舊約時代和新約時代有很大的改變，我們可以用一個比喻來說，舊約時代上帝在這地球上搭了一座舞臺，上帝是編劇兼導演，舞臺上的演員是以色列（猶太）人，上帝的原意是要舞臺上的演員照著劇本，規規矩矩地演出，使舞臺上演出一幕一幕純潔、溫馨、善良、慈愛的戲劇，讓這舞臺的戲成為臺下全世界觀眾所追求的生活標的。然而，在二三千年的時間長流裡，舞臺上的演員——以色列人經常不聽指揮，不照劇本演出，不理導演的安排，他們東跑西跳，各唱自己編的歌，各吹自己的調，舞臺上一幕一幕都是雜亂無章的動作，完全沒有導演當初期望的真善美表現，相反地舞臺上展現出來的是醜惡、凶暴、詭詐、殘忍。導演一再糾正他們，他們始終不聽，仍然各行其是，不理會導演，終於，導演發了火，他要毀了這個舞臺，把演員趕下去。於是，導演把鏡頭轉到外場，讓鏡頭去捕捉大平原、大海洋、大山谷和各式各樣的人群，導演要重新編一個更大更多元的舞臺劇，要拍更多彩多姿的戲。

上面的比喻，內場舞臺劇是舊約時代，鏡頭轉到外場時就進入新約時代。新約時代的場景不是一個小舞臺，而是廣闊的世界，這個廣闊世界中有各種各樣的民族，也有各種各樣的文化。上帝更進入這個廣闊的世界，就要包含這些不同的文化，上帝能包容這麼多不同的文化嗎？答案是肯定的。因為上帝創造了人，所有的民族在皮膚顏色、相貌、體格上雖然各有差異，但都是上帝創造的，他們分散在地球各處，各自生活，在上帝看來，他們如同失落的羊群，上帝從前只顧到一個小舞臺，因而讓小舞臺以外的羊群任意生活成長和繁殖。此外，上帝造人時給了人智慧和自由意志，所以那些在小舞臺之外的羊群也會運用他們的智慧，創造出自己的文化，所以各個民族擁有自己的文化乃是上帝所應允的。只要這個文化不走向完全的邪惡，上帝都會讓這文化傳承下去。既然各種文化都是上帝所應允的，所以各種文化的深層都會埋著上帝暗藏的種子，在未遇到上帝之前，這些種子沒有發芽，更不會開花、結果，基督信仰碰觸這文化以後，就會讓那種子得到水分的滋潤，可以漸漸發芽、開花、結果。

使徒保羅說：「向猶太人，我就作猶太人，為要得猶太人；向律法以下的人，我雖不在律法以下，還是作律法以下的人，為要得律法以下的人；向沒有律法的人，我就作沒有律法的人，為要得沒有律法的人。」保羅是在說他面對什麼樣的人，他就作什麼樣的人，這樣才可以打進對方的生活，讓對方能接受福音。前面說到利瑪竇來到中國，就學習中國文化，衣食住行，禮儀舉止，都學中國人，於是福音會被中國人接納，利瑪竇的作為正是對使徒保羅的話作了最明確的注解。保羅說面對什麼樣的人，就作什麼樣的人，正顯示了基督信仰對各種各樣文化的包容性，試看使徒保羅到小亞細亞、歐洲各地傳道的旅程，一路上千辛萬苦，甚至遭到迫害，但是迫害他的人是他的同族猶太人，而不是外邦人，從《聖經》中看，並沒有發現保羅和那些外國人在接觸時發生文化的衝突。

總而言之，基督信仰是可以融入各種文化之中的，從歷史上觀察，世界各地發生和基督教衝突的原因只有兩個，一是那個地方原有的宗教勢力強力排斥基督教，一是基督教傳教士躲在政治武力的背後進入一個陌生地方，引起那地方人民的誤解，把基督教視同帝國主義侵略者。這兩種衝突的原因其實都不是文化的衝突。

中國文化原本就有兼容並蓄的精神，基督信仰遇到中國文化是可以相容的，重點是基督信仰的傳道人要牢記使徒保羅的教訓和利瑪竇的典範。

基督教是否排斥富人？

《聖經・馬太福音》第十九章二十三至二十四節記載耶穌對門徒說：「我實在告訴你們，財主進天國是難的。我又告訴你們，駱駝穿過鍼的眼比財主進神的國還容易呢！」在《聖經・路加福音》第十二章十六到二十節耶穌說了一個故事，耶穌說：「有一個財主，田產豐盛，自己心裡思想說：我的出產沒有地方收藏，怎麼辦呢？又說，我要這麼辦，要把我的倉房拆了，另蓋更大的，在那裡好收藏我一切的糧食和財物，然後要對我的靈魂說，靈魂哪，你有許多財務積存，可作多年的費用，只管安安逸逸的吃喝快樂吧！神卻對他說，無知的人哪，今夜必要你的靈魂，你所預備的要歸誰呢？」從這兩段記載讓我們想到基督教是否排斥富人？

但是如果翻開《舊約聖經》，發現上帝耶和華並不排斥富人，《聖經・申命記》

第二十八章十一到十二節經文說：「你在耶和華向你列祖起誓應許賜你的地上，祂必使你身所生的，牲畜所下的，地所產的，都綽綽有餘。耶和華必為你開天上的府庫，按時降雨在你的地上，在你手裡所辦的一切事上賜福與你，你必借給許多國民，卻不至向他們借貸。」這段經文充分表示出來，上帝耶和華是會賜財富給人的神。《聖經・創世記》第二十七章二十八到二十九節記載以撒為雅各祝福的話說：「願神賜你天上的甘露、地上的肥土、並許多五穀新酒；願多民事奉你，多國跪拜你。」以色列人認為上帝耶和華是賜福的神，而這「福」包括了財富在內，我們且看《聖經》裡的約伯的故事，在烏斯地，有一個人名叫約伯，是個完全正直又敬畏神的人，他生了七個兒子、三個女兒，他擁有七千隻羊、三千隻駱駝、五百對牛、五百條母驢，並有許多僕婢，是一個富有的財主。有一天，撒旦來到上帝耶和華面前，耶和華問撒旦說：「你從哪裡來？」撒旦回答說：「我從地上走來走去，往返而來。」耶和華問撒旦說：「你曾用心察看我的僕人約伯沒有？地上再沒有人像他完全正直、敬畏神，遠離惡事。」撒旦回答道：「約伯敬畏神豈是無故呢？你豈不是四面圈上籬笆圍護他和他的家並他一切所有的麼？他手所做的都蒙你賜福，他的家產也在地上增多，你且伸手毀他一切所有的，他必當面棄掉你。」耶和華說：「凡他所有的都在你手中，只是不可伸手加害於他。」於是撒旦從耶和華面前退去。

有一天，約伯的兒女正在他們長兄家中吃飯喝酒，有人來向約伯報信說：「牛正耕地，驢在旁邊吃草，示巴人忽然闖來，把牲畜擄去，並用刀殺了僕人，只有我一人逃脫來報信給你。」正在這時又有人來說：「神從天上降下火來，將群羊和僕人都燒滅了，惟有我一人逃脫來報信給你。」正說話的時候，又有人來說：「迦勒底人分作三隊忽然闖來，把駱駝擄去，並用刀殺了僕人，惟有我一人逃脫來報信給你。」他還在說話的時候，又有人來說：「你的兒女正在他們長兄的家裡吃飯喝酒，不料有狂風從曠野颳來，擊打房屋的四角，房屋倒塌在少年人身上，他們就都死了，惟有我一人逃脫來報信給你。」約伯聽到一連串惡耗，便起身撕裂外袍，剃了頭，伏在地上下拜說：「我赤身出於母胎，也必赤身歸回，賞賜的是耶和華，收取的也是耶和華，耶和華的名是應當稱頌的。」其實，這一切災禍都不是導因於約伯犯了罪，約伯也沒有因為受災而妄評耶和華。

撒旦又來打擊約伯，使他從腳掌到頭頂長毒瘡，約伯的妻子對他說：「你仍然持守你的純正麼？你棄掉神，死了吧！」約伯回答說：「你說話像愚頑的婦人一樣。噯！難道我們從神手裡得福，不也受禍麼？」約伯對一切事並不埋怨神，仍願意守道不偏，耶和華就使約伯從苦境轉回，並且賜給他的財富比他從前所有的加倍，約伯擁有羊一萬四千隻，駱駝六千匹，一千對牛，一千個母驢，又有七個兒子和三個女兒，此後約伯又活了一百四十年，見到四代的兒孫。

約伯是個信神堅定的人，也是神所喜悅的人，他是財主，受撒旦打擊變為赤貧，上帝又賜福給他，讓他由赤貧又變為富翁。從約伯的故事可以發現上帝所喜悅的是人對神的忠誠，約伯家產豐富，上帝便誇獎他，當約伯受到撒旦攻擊，變成赤貧、滿身是病的時候，仍對神抱持忠誠信仰，於是上帝賜福給他，讓他擁有更多財富，可見上帝並不厭惡富人。

另外一個例子是所羅門王，在《聖經・列王紀》第三章記載所羅門王登基不久，有一天，上基遍去獻祭，當時耶路撒冷的聖殿尚未建成，基遍有極大的邱壇，所羅門王在那壇上獻一千犧牲作燔祭。那天夜晚，所羅門住在基遍，在夢中，耶和華向所羅門顯現，對他說：「你願我賜你什麼？你可以求。」所羅門說：「你僕人我父親大衛用誠實、公義、正直的心行在你面前，你就向他大施恩典，又為他存留大恩，賜他一個兒子坐在他的位上，正如今日一樣。耶和華我的神啊，如今你使僕人接續我父親大衛作王，但我是幼童，不知道應當怎樣出入，僕人住在你所揀選的民中，這民多得不可勝數，所以求你賜我智慧，可以判斷你的民，能辨別是非，不然，誰能判斷這眾多的民呢？」神對所羅門說：「你既然求這事，不為自己求壽、求富，也不求滅絕你仇敵的性命，單求智慧，可以聽訟，我就應允你所求的，賜你聰明智慧，……你所沒有求的我也賜給你，就是富足、尊榮。」上帝耶和華的應許很快就實現了，讓以色列成為一個富強康樂的國家，國富兵強，民生安樂，而所羅門個人擁有財富極多，王宮的寶座、飲器和一切器皿，全是金子打造的，他的財富無法計數，沒有任何財主可以和所羅門比擬。所羅門的財富都是上帝賜給的，所以所羅門可以說是上帝有意創造出來的一個大號富人。

此外，上帝揀選要負擔重要使命的人也有財主，亞伯拉罕和雅各便是兩個例證。

亞伯拉罕原名亞伯蘭，住在迦勒底的吾珥，娶妻撒萊，上帝對亞伯蘭說：「你要離開本地、本族、父家，往我所要指示你的地去，我必叫你成為大國，我必賜福給你。」

於是亞伯蘭攜妻子和姪兒羅得一同出發，他帶了積蓄的財物和婢僕，他的金、銀、牲畜極多，到了迦南地，在伯特利和艾城之中間停下來。羅得也有牛群、羊群、帳篷，因為亞伯蘭和羅得的財物甚多，地方容納不下，羅得的牧人和亞伯蘭的牧人又發生爭執，於是叔姪兩人分手，各自開拓地盤，這段經過在《聖經・創世記》中有詳細記載，我們發現亞伯拉罕原本就是擁有財富的財主，不是赤手空拳的窮光蛋，上帝揀選了亞伯拉罕作為一個未來新興民族的始祖，可見上帝並不厭惡富人。

另一個人物是雅各，雅各是亞伯拉罕的孫子，以撒的兒子，以撒有兩個兒子，長子是以掃，次子是雅各。雅各用一碗紅豆湯的代價騙取了以掃的長子名分，又利用父親以撒雙目失明而騙取了以撒對長子的祝福，使以掃對雅各大為憤恨，想要殺雅各，雅各便離家逃走，到巴旦亞蘭投靠舅舅拉班，後來娶了舅舅的兩個女兒利亞和拉結，又納兩個使女辟拉和悉帕為妾，生了十二個兒子。雅各為舅舅牧羊，工作努力，牛羊大量繁殖。

有一天，雅各見舅舅的兒子們對他不友善，舅舅拉班的臉色越來越壞，覺得應該離開舅舅回家去，於是，雅各帶著二妻二妾和兒子們以及一切牲畜、財物和僕人出發。

這時雅各心裡最怕的是哥哥以掃，於是雅各準備了禮物送給哥哥，禮物是母山羊二百隻、公山羊二十隻、母綿羊二百隻、公綿羊二十隻、奶崽子的駱駝三十隻各帶著崽子、母牛四十隻、公牛十隻、母驢二十匹、驢駒十匹。從這些禮物來看，雅各絕對不是窮人，可以算是有財富的財主，上帝也揀選了雅各成為猶太民族的始祖，這又是上帝並不厭惡富人的例證。

本文一開始引了〈馬太福音〉第十九章和〈路加福音〉第十二章兩段經文，好像耶穌是厭惡富人的，難道耶穌和上帝耶和華唱反調嗎？其實不是的，要瞭解耶穌這兩段話的意義，要先從耶穌生活的時代背景談起。

以色列國所羅門王死後，以色列國就分裂為二，一是北國，國號仍叫以色列，一是南國，國號叫猶大國。西元前七二二年亞述的大軍攻陷了北國京城撒瑪利亞，北國滅亡。西元前五八六年巴比倫的大軍攻陷耶路撒冷，南國也滅亡了。從此以後，猶太人失去了自己的國家，失去了政治上的自主權，先後受到巴比倫、波斯、希臘、羅馬等帝國的統治。從這時到耶穌降生的五百年間猶太社會也發生了變化，出現了撒都該人和法利賽人，他們不是猶太民族的支派，卻像是兩個社會階級，撒都該人是由祭司、長老和有宗教職務的人組成，法利賽人是由從事商業的人組成，撒都該人掌控聖殿和會堂，握有政治權力，法利賽人擁有財富，這兩類人人數不多，大多數的猶太人從事農、牧、漁業，生活十分困苦。撒都該人和法利賽人都反對耶穌，尤其法利賽人是一群死守律法和傳統的猶太人。什麼是傳統？即是在摩西律法之外，法利賽人又自行訂了許多規條，來補充摩西的律法，這些摩西律法以外的規條稱為傳統，耶穌做了一些違反傳統的事，譬如安息日為人治病，吃飯前不洗手等等，所以法利賽人強烈反對耶穌，在《新約聖經・四福音書》中，也常看到耶穌在責備法利賽人。前面提到耶穌說「財主進天國是難的」，這「財主」其實是暗指法利賽人，因為在當時猶太社會中夠資格被稱為「財主」的絕非一般平民，只有法利賽人。

此外，耶穌說財主要進天國是難的，還有另外一個原因就是，耶穌的福音重點之一在宣揚天國文化，人要進天國必須是聖潔的，太富有的人不但在生活上會追求物慾享受，同時也想獲得更多的錢財，造成奢侈浪費，也會產生自傲自大、勾心鬥角、貪財不義、詭詐欺凌的心念，這些行為和心念都是罪，所以太富有的人很容易成為有罪的人。天國是聖潔的，有罪的人是進不了天國的。

是以耶穌說「財主進天國是難的」，並不是說財主不能進天國，其實誰才能進天國的決定權在神，只要神應允，財主也可以進天國。如何能獲得應允呢？這關鍵就在信耶穌基督，並且走在耶穌基督的道上，耶穌就會洗淨他的罪，讓他成為聖潔，指引他上天國。所以，耶穌說此句話並不是排斥富人，而是在警告富有的法利賽人。

總而言之，細讀整部《聖經》，可以發現基督教並沒有排斥富人，只是基督教更同情貧窮的人。

《聖經》是什麼樣的書？

《聖經》是什麼樣的書？這是一個很大的問題，想要用短短的三、四千字來回答，實在不是一件容易的事。

首先要知道《聖經》分為兩大部分，前半叫舊約、後半叫新約，為什麼要叫「約」？《聖經》裡的「約」是盟誓的意思，約有三類：神與人立約、人與神立約、人與人立約，其中最主要的是神與人立約。《聖經》記載神與人立過很多次約，當中最重要的是西乃山之約；西乃山之約是神向以色列人頒布了十誡，後來又透過摩西宣示有關敬拜禮儀和治理百姓的一些規定，也就是律例、規章，合起來稱為約書，整本《聖經》都和神與人立約有關。耶穌降世為人後，帶來了上帝的一些新指示，耶穌的言行就是人們的新規範，於是人們把西乃山的律法稱為舊約，把耶穌的教誨訓示稱為新約。

《舊約聖經》共三十九卷，包括了〈創世記〉、〈出埃及記〉、〈利未記〉、〈民數記〉、〈申命記〉、〈約書亞記〉、〈士師記〉、〈路得記〉、〈撒母耳記上〉、〈撒母耳記下〉、〈列王紀上〉、〈列王紀下〉、〈歷代志上〉、〈歷代志下〉、〈以斯拉記〉、〈尼希米記〉、〈以斯帖記〉、〈約伯記〉、〈詩篇〉、〈箴言〉、〈傳道書〉、〈雅歌〉、〈以賽亞書〉、〈耶利米書〉、〈耶利米哀歌〉、〈以西結書〉、〈但以理書〉、〈何西阿書〉、〈約珥書〉、〈阿摩司書〉、〈俄巴底亞書〉、〈約拿書〉、〈彌迦書〉、〈那鴻書〉、〈哈巴谷書〉、〈西番雅書〉、〈哈該書〉、〈撒迦利亞書〉、〈瑪拉基書〉。基督徒通常把舊約分為四大類：（一）律法書：從〈創世記〉至〈申命記〉，（二）歷史書：從〈約書亞記〉到〈以斯帖記〉，（三）智慧書：從〈約伯記〉到〈雅歌〉，（四）先知書：從〈以賽亞書〉到〈瑪拉基書〉。舊約貫穿的時間很長，從宇宙的形成到耶穌誕生前四百年，有幾千年之久。舊約三十九卷的作者有幾十位，在不同的年代寫出來的，這些作者彼此並不認識，但三十九卷書的理念和精神是一致的，所以研究《聖經》的學者幾乎一致認為《聖經》雖由不同的人手寫出來，但這些作者都是接受神的默示而寫作的。

《舊約聖經》的第一大類是律法書，包含有〈創世記〉、〈出埃及記〉、〈利未記〉、〈民數記〉、〈申命記〉五卷書，這五卷書被稱為「五經」，據說這五卷書是摩西所寫的，所以又稱為「摩西五經」，五經是上帝對人類救恩史的開頭，為了救恩工作能夠有成效，上帝就頒布了律法，律法是指示神和人的關係、人對神的態度、人和人之間相處的規範等，著名的「十誡」便是在〈出埃及記〉中出現，除了十誡之外，上帝又藉摩西之口頒布許多規章，包括祭祀神的儀式、法律審判規則、社會規範等等。「摩西五經」是以色列人最為重視的經典，青少年都要背誦，許多人把五經抄在小冊子上，然後把這小冊子綁在額頭上，一方面可以隨時拿下來閱讀，一方面表示時刻不忘，以色列人把律法書看成是生活的必需品。

舊約的第二大類是歷史書，包括〈約書亞記〉、〈士師記〉、〈路得記〉、〈撒母耳記上〉、〈撒母耳記下〉、〈列王紀上〉、〈列王紀下〉、〈歷代志上〉、〈歷代志下〉、〈以斯拉記〉、〈尼希米記〉、〈以斯帖記〉等十二卷，表面上看這些書卷像在敘述以色列的歷史，其實它們並不能算是真正的歷史書，歷史學者在寫歷史書時著重在對於真實史事實的敘述，《聖經》歷史書的作者卻為忠於目的而寫作，這目的就是宏揚上帝的旨意和倫理道德，而且《聖經》歷史書的作者並沒有受過歷史學訓練，他們沒有廣泛收集材料，也沒有做過實地調查或考證的工作，於是《聖經》歷史書的作者們下筆的時候容易產生渲染、誇大、附會、忽略時間順序、人名張冠李戴等現象，讓人覺得《聖經》歷史書所寫的有許多地方和歷史事實有些差距、矛盾、混淆，這都是因為他們並不是為寫歷史書而寫作，乃是為了要宣揚某些信息而寫作的，瞭解到他們寫作的動機以後，我們讀《聖經》歷史書時就不必要太拘泥於字句，不必要太計較他們的矛盾和混淆，而要從那些《聖經》人物的時代背景，來瞭解文中的情意。

舊約的第三大類是智慧書、包括〈約伯記〉、〈詩篇〉、〈箴言〉、〈傳道書〉、〈雅歌〉。這五卷書內容各不相同，其中最常被拿來討論的是〈約伯記〉和〈箴言〉。〈約伯記〉中提出一個人人關心的問題：為什麼好人會遭遇到苦難？書中通過三個朋友和約伯辯論這個問題，且透露了一個信息，那就是人的苦難並不表示是來自上帝的懲罰，而是誘惑者試圖引人離棄上帝，因此人要對上帝有絕對的信心，堅持相信上帝到底，這是〈約伯記〉提供給讀者最重要的信息。

〈詩篇〉共一百五十篇，大部分是大衛的作品，〈詩篇〉實質上是古代以色列人讚美和祈禱的話語，可以用歌聲唱出來，也可以朗誦出來，主要是要表達作者對神的讚頌、禱求、申訴和情緒的表現。

〈箴言〉是《聖經》裡深受重視的一卷書，〈箴言〉裡經常提到智慧，〈箴言〉所講的智慧並不是擁有對宇宙和人生問題的理論知識，而是在實際上怎樣去解決人生的難題，進而得以享受人生。換言之，〈箴言〉講的智慧就是心思和經驗的匯聚，從而達成人生實際理想的目的。因此，「心」是十分重要的，心代表人通達老練的內感，這內感是經由傳統、教育和生活的歷練而得到的，有這正當內感的人會遵從宇宙和人世間正當的秩序來待人處事，這樣的人就是智慧人。此外，〈箴言〉也強調智慧源自上帝，智慧在上帝創造萬物之前就已經存在，上帝會把智慧賜給祈求的人。

舊約的第四大類是先知書，包括〈以賽亞書〉、〈耶利米書〉、〈耶利米哀歌〉、〈以西結書〉、〈但以理書〉、〈何西阿書〉、〈約珥書〉、〈阿摩司書〉、〈俄巴底亞書〉、〈約拿書〉、〈彌迦書〉、〈那鴻書〉、〈哈巴谷書〉、〈西番雅書〉、〈哈該書〉、〈撒迦利亞書〉、〈瑪拉基書〉，共十七卷書。先知是蒙屬靈恩賜的人，他清楚地知道自己已被上帝揀選和呼召，不能自主地、熱情洋溢地將其受聖靈感動所得的信息，用神啟示的形式，藉著言語和行動，把這信息宣揚出來。因此，先知又稱先見或稱神人，或稱上主的使者。先知的使命是講述上帝的旨意，指出當時人們的偏差錯誤，上帝要懲罰惡人，除掉罪惡並呼召人們歸回正路，得到救恩。舊約先知書中的十七位先知，都是以色列晚期的人物，他們彼此並不相識，所處的地理位置也不相同，但他們對以色列人遭遇的預測則大同小異，事後都能應驗，證明這些先知所講述的並非個人的臆測，乃是上帝的旨意。

《新約聖經》共二十七卷，包括福音書、〈使徒行傳〉、書信類和〈啟示錄〉。福音書有四種：〈馬太福音〉、〈馬可福音〉、〈路加福音〉和〈約翰福音〉，福音的原意是好消息，四福音都是報導耶穌的言行，也就是將耶穌言行報導出來，就是好消息。

既然是報導耶穌的言行，一本書就好了，為什麼要有四本福音書？此乃因為這四本福音書的作者報導耶穌生平時，他們寫作的重點、觀點各不相同，譬如城市裡發生火災，燒毀不少房屋，造成多人傷亡，有四家報紙都報導了這場火災的消息，但四家報紙的立場不同，記者觀察的角度不同，就會有不同的報導，有的著重在報導災情的慘重和死傷人數的眾多，有的著重在報導消防人員的救人事蹟和表揚人性的光輝，有的著重在檢討火災的原因和政府的責任，各家不同角度的報導都具有價值，使這場火災的真相更能顯現出來。四部福音書都在報導耶穌的言行，但它們各有千秋。〈馬可福音〉是最早的福音書，短小精練，氣勢磅礴，活潑可愛；〈馬太福音〉是一本寫給猶太人的福音書，從〈馬太福音〉中世人可以看到猶太人的心境、處世的方法和對《舊約聖經》的靈活運用；〈路加福音〉是寫給外邦人的福音書，鏡頭常對著猶太人以外的社群，讓人們看到這個世界各式各樣人民的生活和痛苦；〈約翰福音〉的取材和觀點與前三個福音書不同，它是一本有深度的福音書，是寫給達官顯要和有知識的人閱讀的福音書，是一部比前三個福音更為「屬靈」的福音書。

人們把〈馬太〉、〈馬可〉、〈路加〉三本福音書稱為「同觀福音」或「對觀福音」，因為它們可以一起「觀」看，它們似乎有同一個大綱，只是敘述時各自有簡略繁衍的不同。四本福音書中，〈約翰福音〉最為特殊的，它採用的材料和前面三本也有所不同，有人統計過，〈約翰福音〉中只有百分之八的材料和前三者相同，這並不是說〈約翰福音〉在報導另外一個耶穌，而是指它從另一個觀點和角度來報導耶穌。那麼，這個新觀點和角度是什麼？是神，它是從天上而非人間的觀點和角度來看耶穌。

〈馬太福音〉開頭是「耶穌的家譜」，〈馬可福音〉的開頭是「施洗約翰傳道」，〈路加福音〉開頭是路加向提阿非羅大人說明寫這書的由來，這都表示他們是從人世的觀點和角度來看耶穌。而〈約翰福音〉的第一句話是「太初有道，道與神同在，道就是神，這道太初與神同在。萬物是藉著祂造的，凡被造的，沒有一樣不是藉著祂造的」。這話是講天上的神，天上的耶穌，這也暗示〈約翰福音〉是從神、從天上的觀點和角度來看耶穌，所以〈約翰福音〉處處在揭示耶穌是神，處處在發揚耶穌的神性。

四本福音書記載了耶穌的神蹟奇事和對人們的訓示，它們是新約的基礎，耶穌的言行成為對人類的新啟示，這新啟示就是新約。

〈使徒行傳〉是福音書的延續，記述耶穌升天之後，使徒們的作為，耶穌的十二個門徒都是使徒，可惜在〈使徒行傳〉中只記載了彼得和保羅的宣教活動，其他使徒只略略提到，甚至完全沒有記載。〈使徒行傳〉特別強調使徒保羅的宣教歷程，這或許是由於作者路加長期追隨保羅外出宣教，對保羅的瞭解特別深刻，也有人認為路加寫這本書乃是想給羅馬審判官員提供有關基督教和保羅的資料，希望保羅能獲得審判官員公正的審判。

雖然〈使徒行傳〉未能詳盡地敘述更多使徒的宣教活動，令人遺憾，但它仍有極大的貢獻，它讓後人瞭解到初代教會所處的困境和使徒們應付逆流的方法，也讓後人瞭解到福音傳揚的過程。其實，〈使徒行傳〉不是一部歷史書，不過，〈使徒行傳〉的確在記述福音傳播的歷史，在〈使徒行傳〉第一章八節記載了耶穌在升天之前對門徒說的一段話：「聖靈降臨在你們身上，你們就必得著能力，並要在耶路撒冷、猶太全地和撒瑪利亞直到地極，作我的見證。」〈使徒行傳〉這卷書的主旨就是要給耶穌的話做註腳。耶穌的話明白表示傳揚福音雖要靠人的努力，但更重要的推力是聖靈，靠著聖靈，人才有能力，所以〈使徒行傳〉表面上看起來是人在活動，其實是聖靈在背後工作，所以有人說〈使徒行傳〉應該稱為〈聖靈行傳〉。

新約的第三類是書信，共有二十一封書信，書信的主要作者是使徒保羅，共有十三封。二十一封書信中有寫給某一個教會，有給一般教會，有給個人的，書信的內容繁雜，所談的主題有：（一）關於基督信仰思想和觀念的問題，例如談信、談義、談罪、談愛、談神與人的關係等等，（二）關於信仰基督的態度問題，（三）關於教會內部的問題，（四）關於信徒之間相處的問題。書信的目的是在闡揚基督信仰的內涵，將四福音中的思想觀念加以引申，堅固了基督教神學理論的基礎。

新約最後一卷是〈啟示錄〉，作者是使徒約翰。〈啟示錄〉記錄了神給予的默示和異象，這些默示和異象對初信者和未信者很難瞭解，尤其其中許多數字令人難解，且不管書中的異象如何費解，但〈啟示錄〉的主題意義卻是十分清楚的，那就是耶穌基督最終將要徹底擊敗一切仇敵，消滅撒旦，而且要獎賞那些忠心的子民，賜給他們新天新地。

前面用極少的篇幅介紹了《聖經》這部書，當然會掛一漏萬。其實每個人讀《聖經》會有各自不同的感受，甚至一個人在初讀《聖經》到讀完幾遍《聖經》後，越發會有不同的感受，所以基督徒要每日讀經，就是要抓住那些感受。

總而言之，《聖經》不是一部講科學的書，雖然書裡談到宇宙的創造；《聖經》也不是一部歷史書，雖然書裡講了許多以色列民族的經歷；《聖經》更不是一部講哲學的書，雖然書裡講了許多人生的道理。那麼《聖經》究竟是什麼樣的書呢？其實《聖經》是一部神對人的救恩史，《聖經》的主題意識十分清楚，那就是神愛世人，希望世人都能脫離罪惡，獲得救恩。瞭解這個主題意識後，便會對《聖經》有更正確的認識。

耶穌為何要降生人世？

耶穌是神，是和上帝耶和華一起在天上的神，為什麼耶穌要降生到人世間來？他來人世間沒有享受榮華富貴，甚至被釘死在十字架上，受極大的痛苦。即便如此，耶穌為什麼還要降生到人世間來？他來人世間的目的又是什麼？

耶穌自稱是奉父（上帝耶和華）的差遣而來的，所以耶穌降生來到人世是上帝所策劃的。上帝為什麼要讓耶穌來到人世間並且接受極為痛苦的死刑？我們很難瞭解上帝的心意，因為上帝是神，神的智慧是無限的，我們是人，人的智慧是有限，以有限的智慧怎能測透無限的智慧呢？不過，耶穌降世為人，又在十字架上受死，三天後又復活，這些都是已經發生過的事，已經發生過的事就是歷史，所以我們可以用研究歷史的方法來嘗試探索上帝耶和華為什麼要差遣耶穌來到人世間。

上帝耶和華創造了人類，祂除了創造人類的形體之外，還給予人類精神內涵，其中包括了自由意志，不料這份自由意志使人輕易地離開了神，做自以為是的事，於是罪性便進入人心，由罪性而表現出來的罪惡行為也就層出不窮了。亞當和夏娃生了該隱，該隱卻由於嫉妒心而殺了弟弟亞伯，這是人類史上的第一宗凶殺案，從此罪就在人類中蔓延開來。當地上的人不斷繁衍起來，罪惡也隨之增多增大，上帝見到這種情形就後悔造人在地上，心中憂傷，想要予以除滅，挪亞是個義人，與神同行，上帝叫挪亞造一艘方舟，分成一間一間，裡外抹上松香，方舟分上、中、下三層，要挪亞和妻子、三個兒子、三個媳婦都進入方舟，凡有血肉的活物，每樣兩個，一公一母都帶進方舟，然後天降大雨四十晝夜，將地上活物都盡除滅。

從挪亞以後，人類大量迅速繁殖，分散到世界各地，然而洪水後重生的人並沒有擺脫罪惡，到處充斥著嫉妒、凶殺、仇恨、詭詐、殘忍，人類的社會似乎成為黑暗世界。上帝想要創造一個善良、光明的社會，於是開始著手安排一個實驗。祂要讓以色列民族成為祂心目中的典型民族。

在迦勒底的吾珥，有一個叫亞伯蘭的人被上帝揀選，上帝要亞伯蘭帶著妻子撒萊和僕人、牛羊等離開本地、本族、父家到上帝指示的地方去，這時亞伯蘭已經七十五歲，亞伯蘭來到迦南地，上帝說要把迦南賜給亞伯蘭，要亞伯蘭改名為亞伯拉罕，妻子撒萊改名撒拉，在亞伯拉罕一百歲時，撒拉生了一個兒子，取名以撒。以撒娶利百加為妻，生了兩個兒子，長子以掃，次子雅各。雅各和以掃不和，便離家出走，投靠舅舅，娶了舅舅的兩個女兒利亞和拉結，又納使女辟拉和悉帕為妾，雅各擁有二妻二妾，共生了十二個兒子，上帝要雅各改名以色列，使以色列的後裔成為一個民族，雅各的十二個兒子成為以色列民族的十二支派，所以以色列真正的始祖是雅各。

雅各最愛第十一個兒子約瑟，引起了約瑟十個哥哥的嫉妒，他們瞞著父親把約瑟賣給以實瑪利商人，商人把約瑟帶到埃及，約瑟成為埃及人的奴隸。經過了許多波折，約瑟後來竟成為埃及的宰相。有一年，迦南地大饑荒，雅各和十一個兒子便到埃及投靠約瑟，法老王賜下歌珊地給雅各一家七十人居住。經過四百年，雅各七十人的家族繁衍成二百萬人的以色列民族。不過四百年後的以色列人卻成為埃及的奴隸。上帝要繼續祂的計畫，揀選了摩西帶領以色列人離開埃及，來到西乃山的曠野。

在西乃山，上帝向以色列人頒布了十誡，這是十條最重要的規律，又透過摩西頒布了三百多條律法，這些律法都是一些規範，包括祭神的儀式、人對神的態度、人與人相處的規則、人與人發生爭執時如何解決的規則等等，這些都是生活的規範，上帝希望以色列人能守住這些規範來生活。以色列人在曠野漂流了四十年，這四十年等於是以色列人的新生訓練，讓以色列人瞭解各種規範、習慣這些規範、接受這些規範。過了四十年，以色列人終於過了約旦河，進入迦南地。在進入迦南地之前，上帝一再告訴以色列的首領約書亞要把迦南地的原住民全部消滅，上帝的用意是迦南地是一個充滿罪惡的社會，已經惡貫滿盈，應該完全清除，而上帝的計畫是要為以色列造就成一個密閉的空間，以色列人不與外族往來，以色列社會不與外族社會相交通，保持以色列的單純性，在單純的環境裡，上帝可以用律法來教育以色列人，使以色列民族成為一個善良、聖潔的民族，成為全世界的典範。

可惜約書亞率領以色列人進入迦南地並沒有真正執行上帝的命令，迦南地的原住民並未被消滅，以色列人和迦南原住民雖各有村莊，但相隔不遠，於是大大違背了上帝原計畫的用意。日子一久，以色列人接受迦南人的社會習俗，失去了上帝原希望以色列人保持的單純性。

以色列人受迦南社會的影響做出了許多違反律法的事，其中最惹上帝憤怒的事是去祭拜迦南人的許多神，在上帝頒發的十誡中的第一誡便是「除了我以外，你不可有別的神」。除十誡中明白指示外，上帝又告訴摩西，以色列人不可跪拜亞摩利人、赫人、比利洗人、迦南人、希未人、耶布斯人的神，不可以去事奉那些神，也不可效法迦南人的行為，卻要把那神像盡行拆毀，打碎他們的柱像，不可和他們並與他們的神立約。上帝耶和華說祂是忌邪的神，那些假神都是邪惡的代表，在祂眼裡是容不下的。

然而最令上帝感到受傷的事是所羅門的改變，當所羅門剛登上以色列王寶座的時候，對上帝是何等虔誠，何等熱心，為神建造了聖殿，並虔誠地向上帝祈禱，又對以色列全民說，你們當向耶和華——我們的神存有誠實的心，遵行祂的律例，謹守祂的誡命。可是這些誓言，很快便被所羅門自己撕毀了。所羅門除了娶埃及法老的女兒外，又寵愛許多外邦女子，有摩押女子、亞捫女子、以東女子、西頓女子、赫人女子，這是上帝告誡以色列人不可以做的事，所羅門有妃七百，都是外族的公主，還有嬪三百，所羅門受妃嬪們的誘惑去隨從祭拜外邦的諸神，還為那些神築壇、獻祭，這事令上帝大為憤怒，決定在所羅門死後，將以色列分裂為二，南邊的南國稱為猶大國，北邊的北國仍稱以色列國，隨之國勢逐漸衰弱。

猶大國從羅波安建立，到西底家亡國，共傳國三百四十四年（西元前九三〇年到西元前五八六年）有十九個王。以色列國從耶波羅安建立，到何細亞亡國，共傳國二百零八年（西元前九三〇年到西元前七二二年），也有十九個王，從《聖經・列王紀》的記載統計一下，猶大國的十九個王有十一個是「耶和華眼中看為惡的」，只有八個王是「耶和華眼中看為正的」，在以色列國十九個王全部都是「耶和華眼中看為惡的」，所以無論是南國或北國都是敗壞了。

從摩西到南國、北國滅亡的一千多年，以色列人對上帝耶和華的祭祀未曾間斷，被宰殺的牛羊何止千萬隻，然而牛羊的血沒有洗淨以色列人的罪，以色列人仍在不停地犯罪。為什麼會如此呢？因為以色列人將牛羊獻祭當作宗教儀式而不是用心來獻祭，上帝豈要牛羊這些「物」？上帝要的是人心歸向祂，所以當以色列亡國之前，上帝就表示祂不愛祭祀，因為那種祭祀只是有物無心、裝模作樣的動作而已。

上帝決定要結束對以色列人的實驗，於是差遣耶穌降生到人世間。耶穌來到人世至少肩負了三項使命：

第一個使命是改變人與神的關係。在舊約時代，人對神是畏懼多於仰慕，在西乃山下以色列百姓對耶和華的恐懼可以作為代表，上帝和人的距離是遙遠的。耶穌本身就是神，他降生為人，親身體會到人的恐懼、膽怯、軟弱、無助心理，他要幫助人脫離罪惡，於是他願意把自己和大家融在一起，牧師們常歡喜說：「耶穌為我們捨命。」這話許多人聽不懂，其實這話的意思是耶穌把自己的生命粉碎成一片片靈光，只要一片靈光進到你的心裡，耶穌就已經進入你的生命，讓你得到依靠、得到力量、得到平安。耶穌是用愛來改變人心，主張人對神不要懷畏懼的心，要用愛心對待。讀了新約的四福音書可以發現耶穌就是愛，耶穌要用愛來對抗罪惡。

舊約時代是用律法來約束人，讓人因畏懼律法而「不敢犯罪」，當執行律法的人自己都在犯罪時，百姓們不敢犯罪的心就消失了，耶穌是要用愛來感化人，被感化的人是從自己內心產生「不願犯罪」的想法，不願的力量是強大的，可以抵擋外界罪惡的誘惑。

為了宣揚神就是愛，耶穌必須來一趟人世間，為世人做一個活生生的示範，拉近人與神的關係。

耶穌的第二個使命是把福音傳到全世界。上帝既然結束了以色列的實驗，就要面對全人類。其實，人類原本就是上帝所創造的，只不過上帝用了兩千年的時間去做以色列實驗，暫時忽略了其他的人，現在上帝要回過身來照顧全人類，耶穌來到人世就是正式宣布這個旨意。由於耶穌的宣示，讓上帝信仰走向世界，由地區性的猶太人信仰蛻變成為世界性的基督信仰。

耶穌的第三個使命是揭示永生和天國的奧祕。在《舊約聖經》中，幾乎沒談到永生，一個人的生命只限於肉體活著的時候，當肉體死亡，就會寫著「與他列祖同睡」，這就是說他的生命結束了。但在《舊約聖經．傳道書》中雖然有一次講到永生，卻說「神從始至終的作為，人不能參透」，所以舊約所談的都是人在地球上活動時所發生的事。而耶穌降生人世後揭示了一個奧祕，那就是人的生命並不是肉體死亡就結束了，人在肉體死亡後，神會給人一個新的身體，不再會死亡、不會生病、不會痛苦，活在一個新天地裡，這就是永生。一個人的肉體在世間活著的時間很短，一定會死亡，耶穌把人活在世上比作客旅，他到這世界來只是過客，他來了，他必也離去，這世界不是他的家。那麼，他的家在哪裡？在天上，在另一個世界，就是天國，又叫天家，那才是他永久生活的地方。然而怎麼去呢？有一個捷徑，那就是信耶穌，走耶穌的道，就能到達天國。耶穌的道在哪裡？耶穌的道不是能看得見的馬路，是心靈的道路，怎麼走上這條心靈的道路呢？第一要信仰耶穌，第二是遵行聖經中耶穌的教導。走上了耶穌的道，就能除去罪性，不再有犯罪的行為，縱使沒有律法的約束，也不願意去犯罪，成為一個聖潔的人，就得以進入天國。在舊約裡，人如果犯罪，要用錢買物（牛羊和祭品）來為自己贖罪，耶穌則要人自我懺悔，向耶穌認罪，願意改過自新，回到耶穌的道上，所以耶穌不在乎物而重視心。

總而言之，耶穌降生人世是上帝的安排，目的是要拯救世人脫離罪惡，找回良善的本性，覓得真正的家——天家，獲得幸福的永生。

誰殺害了耶穌？

一位剛剛接受基督信仰的朋友問我：「耶穌治好許多人的病，是個好人，為什麼還會被羅馬士兵釘死在十字架上呢？」

的確，這是尚未信仰基督或初信者常會產生的懷疑，耶穌治好大痲瘋病患，醫好瞎子、聾子、癱瘓的人、瘸腿的人，驅過鬼，做了許多救人的好事，什麼人要如此狠心地把耶穌送上十字架呢？

在一個晚上，耶穌和他的門徒們在耶路撒冷的客西馬尼園禱告，祭司長派了許多人來捉拿耶穌，門徒們都逃走了，惟有耶穌被抓了，被人帶到大祭司該亞法的家中，大祭司和祭司、律法師們連夜審問。第二天清晨，把耶穌押解到羅馬總督彼拉多的衙門，彼拉多問耶穌：「你是猶太人的王麼？」耶穌說：「你說的是。」彼拉多說：「他們告你那麼多的事，你沒有聽見麼？」耶穌默不回答。這時衙門外聚集了很多猶太人，彼拉多對猶太人說：「我查不出這人犯了什麼該死的罪。」猶太人在祭司長和長老們的挑唆下大聲喚著：「把他釘十字架！」彼拉多怕發生亂事，就拿水在眾人面前洗手，說：「流這義人的血罪不在我，你們承當吧！」眾人回答說：「他的血歸到我們和我們的子孫身上。」於是彼拉多命羅馬士兵將耶穌鞭打了，然後釘在十字架上。

是誰殺害了耶穌？表面上看是羅馬帝國的總督彼拉多下令處死耶穌，實際上彼拉多是在猶太人的壓力之下做出的判決，所以真正殺害耶穌的是猶太祭司、長老和猶太人。為什麼猶太人不直接就殺了耶穌？因為當時猶太人受羅馬帝國統治，祭司雖是猶太人的領袖，卻無權殺人和判人死罪，司法權是操在羅馬總督手中，所以祭司們要把耶穌押解到總督衙門，彼拉多說看不出耶穌犯了什麼該死的罪，是因為耶穌只是違背了猶太人的律法，卻沒有犯羅馬帝國的法律，所以彼拉多在宣判耶穌死刑之前要洗手，因為他知道把一個無罪的人處死，這就是他的罪。

為什麼大祭司、祭司、長老和猶太人強烈地要殺耶穌呢？這個問題可以從幾個方向來分析。

首先，猶太人中的法利賽人認為耶穌違反了律法，應當處死。法利賽人不是猶太人的支派，而是猶太教中的一個教派，大部分法利賽人都是中產商人，他們在生活中嚴格遵守摩西的律法，不過，他們的拉比（教律法的老師）為了保障摩西律法能在日常生活中得以顯現，就不斷地增加了許多附加條款和規定，這就造成猶太人極為繁瑣的律法，而且拘於形式，淪為律法主義，反而失去摩西律法最初的原意。譬如摩西律法規定要守安息日，安息日什麼工作都不可做。但法利賽人附加的律法是什麼都不能動，離家走路不可超過若干公尺，不可買菜燒飯，不可這樣、不可那樣，弄得安息日像不能動彈的日子，這反而失去原來要人們利用安息日輕鬆自由、恢復疲勞的本意。在法利賽人強烈主張下，猶太人逐漸接受了繁瑣的律法。法利賽人和文士指責耶穌干犯了律法，其中包括三項重要的事情：一是耶穌屢次在安息日為人治病，二是耶穌和他的門徒不遵守潔淨禮儀，就是飯前不洗手，三是耶穌赦免人的罪，赦免人的罪是上帝的權力，耶穌是在褻瀆上帝。

其實，耶穌並不反對摩西的律法，尤其是十誡，那是上帝所頒布的，一點也不可以更動，耶穌反對的是猶太人自己添加上去那些附帶的律法。耶穌對法利賽人的指控有所辯護，例如在安息日不可為人治病的問題，耶穌說安息日是可以做善事的，他說在安息日有一隻羊掉到井裡，難道就不去救這羊嗎？羊都可以救，為什麼不能治病救人呢？至於飯前不洗手，那是禮儀問題，摩西律法本沒有這個規定，是猶太人添加的規定，耶穌說從口裡吃進去的東西後來都會落到廁所裡去，只有口裡說出來的，才會汙穢人心。至於赦免人的罪，耶穌是上帝的兒子，上帝把赦罪的權賜給耶穌，所以耶穌擁有赦人罪的權柄。

耶穌把猶太人自己添加上去的律法稱為「傳統」，並不是真的律法，所以耶穌自認為他是守律法的，只是違反了一些傳統而已。

猶太人的另一個宗教支派叫撒都該，撒都該人都是祭司和長老們，他們極為保守，堅守摩西律法，但不接受法利賽人的「傳統」（也就是附加的規定），他們執掌耶路撒冷聖殿裡的大小事務，而且猶太人最高決策機構——公會，也是由撒都該人所控制。撒都該人人數並不多，但卻是猶太社會中最有權勢的一群人。撒都該人反對耶穌，是因為耶穌說這聖殿將被拆毀，撒都該人聽到耶穌的話大起恐慌，互相傳說，傳到後來變成耶穌要來拆除聖殿，聖殿是猶太人心中最崇高尊貴的地方，拆毀聖殿真是絕對不能容忍的惡行，豈可坐視不管。何況聖殿是祭司們和長老們權威的根基，拆毀聖殿豈不是等於要推翻祭司和長老的權力基礎，所以難怪大祭司、祭司和長老們都極力要殺耶穌。

其實，耶穌說聖殿將被拆毀，並不是真的要去拆毀聖殿，而是說一個預言，這個預言果然在耶穌被釘十字架後三十幾年實現了。也就是在西元七〇年，羅馬大軍進入耶路撒冷，大量猶太人被殺，聖殿被完全拆毀，至今都沒有重建起來。耶穌預言的實現是猶太人的悲劇，也是當時撒都該人被權力慾望蒙蔽了眼睛，定意要殺害耶穌所造成悽慘的後果。

當耶穌被送到祭司們面前受審時，大祭司問耶穌說：「你是神的兒子基督不是？」耶穌回答說：「你說的是，然而我告訴你們，後來你們要看見人子坐在那權能者的右邊，駕著天上的雲降臨。」大祭司就撕開衣服說：「他說了僭妄的話，我們何必再用見證人呢？這僭妄的話現在你們都聽見了，你們的意見如何？」他們回答說：「他是該死得。」耶穌當著眾人的面承認自己是上帝的兒子，在舊約中並沒有記載上帝耶和華有兒子，所以祭司們認為耶穌是在說僭妄的話，是在褻瀆上帝，應該處死。

耶穌在世的時候行過許多神蹟，根據《聖經》四個福音書的記載，耶穌在釘十字架前三年間，至少行過二十一件神蹟奇事，這些神蹟奇事有變水為酒、餵飽五千人、讓風暴平靜、在水面上行走、三次讓死人復活，其中最多的是治病趕鬼。耶穌行的神蹟越多，越讓大祭司、祭司們和長老們感到恐懼，因為他們害怕猶太人都去信服耶穌，他們就會失去了在猶太人中的權威和地位，所以他們要趕快殺死耶穌，以免猶太人都跟從耶穌。於是，大祭司、祭司和長老們在夜間審問耶穌，把耶穌押解到羅馬總督彼拉多的衙門，並鼓動猶太人包圍衙門，要求處死耶穌，《聖經》記載說，彼拉多知道他們是因為嫉妒才把耶穌押解了來，耶穌並沒有違反羅馬帝國的法律，但彼拉多看到猶太人在衙門外鼓噪喚叫，很怕引起動亂，只好宣布處死耶穌。

這時會想到一個疑問，耶穌不是治好許多人的病，又用五餅二魚餵飽五千人，顯了那麼大的神蹟，許多人不是都信了嗎？那些信了耶穌的猶太人為什麼不出來支持耶穌，反對處死耶穌呢？

如果檢查一下耶穌為人治病和行神蹟的地點，會發現幾乎都在加利利地區，也有在推羅、該撒利亞、耶利哥，在耶路撒冷只行了三個神蹟：醫好癱瘓了三十八年的病人、醫好生來是瞎眼的、治好大祭司僕人被削掉的右耳，所以耶穌的信徒大多數是在耶路撒冷以外的地方，那時交通不便，他們不能全都跟從耶穌來耶路撒冷。而且耶穌從被逮捕到釘上十字架，時間不到一天，當時沒有電話、無線通訊等設備，消息傳遞是很慢的，耶穌被捕的消息根本不可能在一天之內傳到加利利地區，信徒並不知道耶穌被捕而趕來聲援。其實，當時猶太人社會中最有權威的人是大祭司和祭司們，猶太人無不敬畏祭司，現在大祭司下令逮捕耶穌，猶太人是不敢反抗的，試看在客西馬尼園大祭司派人來捉拿耶穌時，耶穌身邊的十一個門徒都各自逃走，可見他們是畏懼大祭司的。當耶穌被釘上十字架時，有些與耶穌熟悉的人和從加利利跟著他來的婦女們，都遠遠的站著看這些事，他們不敢表示抗議。所以當時喚叫要殺耶穌的猶太人都是大祭司和祭司們發動來的。

除了大祭司、撒都該人、法利賽人強力反對耶穌之外，還有一個因素也造成猶太人反耶穌，那便是耶穌要把上帝的信仰傳到全世界，讓外國人（外邦人）也來成為上帝的子民。從摩西開始，猶太人始終相信上帝耶和華是以色列的保護神，在《舊約聖經》中經常在提到上帝耶和華時總是說「亞伯拉罕、以撒、雅各的神，以色列的神」，稱頌上帝耶和華打敗以色列人的仇敵，拯救以色列人，後來，以色列人的北國、南國都被外敵滅亡，他們自認為那是以色列人悖逆了上帝，不過，他們終究是上帝的子民，所以仍然讓一部分被敵人擄掠的以色列人回到他們的故鄉。因此，猶太人覺得他們的國已滅亡，現在唯一可以依靠的便是他們的保護神——上帝耶和華。可是耶穌卻要讓外邦人——他們的仇敵也成為上帝的子民，那麼上帝不也會保護他們的仇敵麼？這種事情怎麼可以做？對猶太人來說，耶穌的行為簡直在出賣民族，自然很容易激起眾怒。

在耶穌被釘十字架之前四天，耶穌從伯大尼騎著小驢進耶路撒冷，準備進城過逾越節，當時有許多猶太人也想進耶路撒冷過逾越節。逾越節是猶太人過新年的節日，極受猶太人的重視。大家聽見耶穌將到耶路撒冷都十分興奮，有人把衣服搭在小驢上，許多人把衣服鋪在路上，也有人砍下樹枝來鋪在路上，眾人前呼後擁，大家喊著說：「和散那，奉主名來的王是應當稱頌的，在天上有和平，在至高之處有榮光。」和散那是稱頌的意思。

一大群人簇擁著耶穌進了城，使耶路撒冷全城為之震動，許多人跟隨著耶穌，大家非常興奮，心裡浮現出一個共同的想法：莫不是彌賽亞降臨了？彌賽亞的意思是「救世主」，從北國和南國滅亡後，猶太人成為亡國之民，猶太人熱切地盼望彌賽亞的出現。誰是彌賽亞？沒有人知道，彌賽亞如何降臨？也沒有人知道。於是猶太人對彌賽亞有各種各樣的說法，一般說來，猶太人的共同理想是：在大衛王的譜系中興起一個偉大的領袖，他會帶領猶太人戰勝統治他們的羅馬政權，宣布以色列國重新建立，猶太人進入一個自由、興盛的新世代。

跟隨耶穌進入耶路撒冷的猶太人一路高聲歡呼，情緒高漲，他們想望耶穌就是那盼望已久的彌賽亞。但是，耶穌進入耶路撒冷後，沒有走向羅馬總督衙門，而是走進聖殿，在聖殿裡趕出做買賣的人，推倒兌換銀錢之人的桌子和賣鴿子之人的凳子，接下來的兩天，耶穌都在聖殿裡教導百姓。耶穌在耶路撒冷三天的表現讓猶太人感覺失望不已，因為耶穌不像他們心目中會帶領猶太人去攻打羅馬政權的領袖，而是像祭司、文士、律法師那樣講道的人。於是，猶太人心中對耶穌的盼望和狂熱逐漸消失了。所以，當耶穌被押解到羅馬總督彼拉多的衙門受審時，猶太人在祭司、長老們煽動之下，反而高喊要殺死耶穌。

從上面的敘述可以看出來，殺害耶穌的是猶太人，其實對猶太人來說，殺害耶穌是一個錯誤的悲劇，而且後果悽慘，二千年後猶太人遭到集體大屠殺，難道不是那些猶太人在彼拉多面前所說的「他的血歸到我們和我們的子孫身上」的報應麼！

為什麼耶穌願意死在十字架上？

有朋友問我：「耶穌不是顯過許多神蹟嗎？他應該是一個大有能力的人，幾個羅馬士兵豈能綑綁得住他呢？更不可能把他釘在十字架上吧？耶穌被釘十字架時一定沒有反抗和掙扎，難道他願意被釘在十字架上而死嗎？耶穌無罪而被殺，他竟然不喊冤枉，不使用神奇的能力使自己解除危險，卻默默地接受酷刑而死亡，這是為什麼呢？」

這位朋友的問題實際上也是一般人心中的疑惑，《聖經》上說，耶穌是上帝的兒子，擁有大權能，所以他能醫治人所治不好的病，像讓眼睛瞎的人重見光明，耳朵聽不見的聾子能聽見，瘸腿的人能行走，癱瘓的人能站起來，能醫治大痲瘋和熱病，能驅鬼，能使水變成酒，能無中生有地變出大量食物，能使海的狂風止息，甚至使死人復活，這些事情都不是人的能力所能做到的，只有神才可以做到，從這些神蹟奇事來看，說耶穌是神，似乎並不為過。既然耶穌是神，為什麼不顯一點神通，擺脫死亡的酷刑？

當耶穌被釘在十字架上，在旁邊觀看的人譏誚他說：「你這拆毀聖殿，三日又建造起來的，可以救自己吧？你如果是神的兒子，就從十字架上下來吧！」祭司長和文士並長老也戲弄他說：「他救了別人，不能救自己。」這些諷刺和譏笑難道不會刺激耶穌嗎？

釘十字架是羅馬人處死重犯的刑罰，極為殘忍，是羅馬政府恐嚇人民的手段，這種刑罰只用在非羅馬公民的身上。被釘的人先受皮鞭抽打，皮鞭上有鐵塊或硬骨，被打的人不僅皮膚上呈現一條條的鞭痕，而且皮開肉裂，在鞭打之後，強逼受刑人背著十字架的橫樑走到行刑的地方去，然後把受刑人的兩個手腕和雙腳用長釘釘在木架上，再將整個十字架豎直起來，把木架插入泥地裡，犯人頭上釘著一塊小木板，上面寫著罪狀，犯人的身體懸掛在十字架上，這時犯人不但全身流血，而且會造成呼吸困難。被釘在十字架上的人不會立刻死去，要等身上的血液流光，身體器官衰竭才會死亡，有時要經過幾小時，甚至會拖到一兩天。這種死刑，犯人的身心痛苦不堪，但意識卻是清楚的，這真是殘忍的酷刑。到底耶穌面對這種酷刑內心的感覺是如何？不得而知。

根據《聖經》的記載，在受難之前，耶穌已經四次預言自己將要受難，尤其是第三次和第四次預言時還特別清楚地說自己將會被釘在十字架上。《聖經・路加福音》記載耶穌在受難前一天晚上，帶著門徒到耶路撒冷東邊的橄欖山去，那山上有個客西馬尼園，耶穌要門徒儆醒禱告，自己便單身向前行，「約走了有扔一塊石頭那麼遠，就跪下禱告說：『父啊，你若願意，就把這杯撤去，然而不要成就我的意思，只要成就你的意思。』有一位天使從天上顯現，加添他的力量。耶穌極其傷痛，禱告更加懇切，汗珠如大血點滴在地上。」這段記載中，耶穌講的「杯」是指釘十字架之事，可見耶穌面臨這極殘忍又羞辱的刑罰，心中是充滿恐懼的，耶穌的禱告是向上帝表示自己非常恐懼，但仍願意遵照上帝的旨意去做。

根據《聖經・馬太福音》記載，當耶穌禱告完了，祭司長和長老的部下帶著聖殿警衛隊的人來到客西馬尼園要捉拿耶穌，「有跟隨耶穌的一個人伸手拔出刀來，將大祭司的僕人砍了一刀，削掉了他一個耳朵。耶穌對他說：『收刀入鞘吧！凡動刀的必死在刀下。你想我不能求我父現在為我差遣十二營多天使來麼？若是這樣，經上所說事情必須如此的話，怎麼應驗呢？』」從耶穌的話裡透露出來，耶穌是可以從那些捉拿他的人中逃脫的，但耶穌不逃脫，他願意束手就擒，因為被釘十字架是上帝預先安排好的劇本，耶穌要順從上帝的旨意。

然而，這時大家心裡也許會產生一個疑問，耶穌不是上帝的獨生子嗎？豈有父親會把自己的兒子推到恐怖的刑具上去的？上帝不是慈愛的神嗎？他這樣對待獨生子豈不是太狠心了嗎？父親的愛心到哪裡去了？

的確，站在人的立場來看，沒有一個父親會願意把自己的兒子送上那極為殘忍的刑具上，受折磨而死。但上帝是神，他的立場和人不同，他的想法也就超越了人的想法。

從摩西開始，以色列人就搭起會幕作為神的居所，會幕實際上是一個特製的帳篷，比一般以色列人住的帳篷大，而且材質好，會幕外面有大院子，會幕內沒有放置任何塑造或繪畫的神像，會幕裡有一個房間稱為至聖所，安放著約櫃，約櫃是一個外包純金的木櫃，櫃內放著摩西從上帝手中接到的十誡石版，約櫃是以色列人認為最珍貴的物品，為了保持約櫃的聖潔神聖，任何人都不可以碰觸約櫃，所以除了大祭司外，任何人都不能進入至聖所。

會幕是以色列人敬拜和獻祭的場所，以色列人的祭祀有燔祭、平安祭、贖罪祭、贖衍祭、素祭等，祭祀時要獻上牛、羊、麵、餅、油等，各種祭有其不同的含義，但主要的性質都是表示對上帝的感恩和請求贖罪。每個以色列人都可以帶著牛、羊和祭品到會幕前，請祭司作祭祀，所以祭司每天都忙著幫百姓來獻祭。獻祭代表請求贖罪，難道以色列人老是在犯罪嗎？在上帝的信仰中，所謂罪和我們認知的罪是有差別的，我們一般人說到罪是指違犯法律，有時嚴格一點是包含違反道德，譬如說甲和乙原是朋友，因為一點小事意見不合，兩人吵了起來，甲用尖酸刻薄的話語責罵乙，甲的行為在法律上並沒有什麼刑責，但在道德上不合乎對待朋友的道理，於是甲事後自我檢討，會說「我得罪了朋友」，所以這是屬於違背道德的罪。無論是違反法律或違反道德的罪，都是經由行為表現出來的。然而，上帝所指的罪除了行為上違反法律和道德之外，還包括內心的思想，譬如說某甲在路上遇一個漂亮的女孩，心裡想去抱住她，和她親熱一番，某甲並沒有真正採取任何行動，但以上帝的標準來說，他已經犯了姦淫罪。所以，以色列人經常要去祭祀來為自己贖罪。

到了所羅門做了以色列王，用了七年時間，在耶路撒冷建造了聖殿，聖殿取代了會幕，成為以色列最神聖的地方，因之所有的祭祀都移至聖殿進行。

從摩西到耶穌，一千三百多年間，以色列人不斷地在會幕或聖殿裡獻祭，但是以色列人仍在不斷地犯罪，不斷地犯罪，就要不斷地請求贖罪，為獻祭而被宰殺的牛羊真是多得無法計數。上帝歡喜百姓所獻的祭物嗎？上帝愛吃燒烤牛肉、羊肉嗎？上帝當然不會，上帝根本不要這世界上的任何「物」，上帝想要的是人一顆善良純潔的心，一顆無罪的心，祭祀時宰殺牛羊的用意是牛羊替代了人的罪，牛羊的死洗清了人的罪，所以牛羊是贖罪品。然而，一千多年歷史的時間證明，宰殺無數的牛羊仍洗刷不了人的罪，這樣的結果，恐怕連上帝都會感到很無奈。

耶穌曾說，聖殿將要被完全摧毀，這是耶穌的預言，也是上帝的預言，上帝是能預知未來的事，上帝的預言在耶穌遇害後三十多年果然驗證。西元七〇年羅馬軍隊攻破耶路撒冷，將聖殿完全拆毀。也許你會懷疑，耶路撒冷不是受羅馬管轄嗎？審判耶穌的不是羅馬的總督彼拉多嗎？為什麼羅馬軍隊攻破耶路撒冷？原來在耶穌遇難之後三十多年，即西元六六年，猶太人中的激進分子起來攻擊在耶路撒冷的羅馬人，當時駐守猶太地區的羅馬軍隊很少，於是猶太人取得初步的勝利，他們驅逐了羅馬人，占領了耶路撒冷和附近一些地方，羅馬政府為了平亂，派一個名叫維斯帕先的將軍率領大軍來到猶太地區，西元六九年維斯帕先征服了整個猶太地區，只剩耶路撒冷和附近幾個城堡還在猶太人控制之中，維斯帕先回羅馬去了，留下他的兒子提多來管理猶太地區，提多帶領羅馬軍隊繼續攻打耶路撒冷。第二年，也就是西元七〇年，羅馬軍隊攻破耶路撒冷，同時將整個耶路撒冷大肆破壞，聖殿全部被拆毀，在這場戰爭中，猶太人被殺的很多，也有許多猶太人被俘擄成為奴隸。這場戰爭對猶太人的信仰產生極大的衝擊，神聖的聖殿消失了，祭司消失了，原來的宗派如法利賽、撒都該等全部消失了，不過，活著的猶太人對上帝的信仰並沒有消失，只不過他們的領袖由祭司變成拉比，拉比是精通《聖經》的老師。

也許你又有疑問：「上帝為什麼允許聖殿被毀這件事發生？」其實，當時的聖殿只是一個虛有其表的建築物，它內在的精神已經喪失了，所以耶穌對猶太人說：「《聖經》記載上帝的話說：『我的聖殿要作萬民禱告的殿。』你們卻把它變成賊窩！」耶穌指出當時的聖殿已經變成賊窩，它已經失去了應有的神聖和尊嚴，當然也就失去了存在的價值。

聖殿的主要功能在獻祭，然而到了舊約時期的末尾，獻祭只是一種宗教儀式，失去了信仰的真誠，在《舊約聖經・何西阿書》中已經記載上帝的話說：「我喜愛良善，不喜愛祭祀，喜愛認識神勝於燔祭。」所以上帝對徒具形式的獻祭早已表示不喜悅，上帝喜愛的是人在心靈上和他親近。

上帝把自己的獨生子推上十字架的刑具，不是他不愛兒子，而是想用犧牲自己的兒子來換取世人心靈的潔淨，因為世人只有心靈的潔淨才可以進入天堂，得到永遠的幸福。世人只要相信耶穌，就可以藉耶穌流過的血來潔淨自己，不須要再用牛羊獻祭來贖罪，信靠耶穌就可以接近上帝，獲得幸福，進入天堂。所以，上帝愛世人，才讓自己的兒子受這十字架的酷刑，這是上帝的大愛，也是耶穌愛世人而自我犧牲的表現。

從耶穌被釘上十字架，讓我聯想到宋朝末年的文天祥，耶穌之死表示上帝對人類的拯救和贖罪，其基礎是愛，是對世人的愛，文天祥之死也是愛，但是對國家的愛。耶穌和文天祥都是願意犧牲自己來表示心中之愛的人，所不同的是文天祥犧牲自己是表示對人世絕望的悲哀，他知道自己救不了大宋王朝，他所求的只是一份「心安」，他守住了孔子、孟子的「道」，但對這世界他已經無力改變了，於是他願意用慷慨就義來作為一生的結束。但是耶穌卻不然，耶穌的自我犧牲是一種期望，他要用自己的犧牲來為世人贖罪，他希望拯救世人不要墮入地獄，他要引領世人進入上帝的國。所以，文天祥的被殺代表絕望的悲哀，耶穌的遇害則代表拯救的盼望。

總而言之，耶穌有能力脫離羅馬士兵的綑綁，但他仍願意被釘在十字架上，這是由於上帝和耶穌的大愛，這份大愛深深地影響到人類世界，直到今天。

耶穌的復活

耶穌在耶路撒冷被釘死在十字架上，有一個亞利馬太城裡很有聲望的長老，名叫約瑟，他是猶太公會的議士，沒有附從其他猶太人喚著要殺耶穌，因為他暗暗地信了耶穌。他跑去找巡撫彼拉多，要求取得耶穌的身體。彼拉多想儘快結束這場處決耶穌的案件，便答應了。約瑟將耶穌的身體帶到附近山腰的私人家族墓穴，那是一個用人工在較軟的石灰岩上開鑿的新墓穴。由於時間已近黃昏，約瑟沒有時間為耶穌淨身或在身體上抹油，但仍用昂貴的沒藥和蘆薈塗抹在耶穌身上，再用細麻布緊緊裹住耶穌的身體。約瑟把耶穌的遺體放置在墓穴中一個岩石平臺上，許多信從耶穌的婦女，包括耶穌的母親馬利亞，親眼看著耶穌躺進墓穴中，然後，約瑟和婦女們退出墓穴，約瑟用一塊重達百磅的大石頭擋住墓穴的洞口。

第二天是安息日，一大清早，大祭司該亞法求見總督彼拉多，該亞法請彼拉多派兵把守耶穌的墳墓，理由是恐怕門徒來偷走耶穌的屍體，對外宣稱是耶穌復活了，彼拉多同意大祭司的請求，派一隊羅馬士兵到墳墓前站崗。

第三天是星期日，一大清早，住在抹大拉的馬利亞和另一個也叫馬利亞的女子要到耶穌的墳墓去，按照猶太人的習俗，人死後三天要在遺體上抹香料香膏，她們是準備來為耶穌塗上香料香膏的，當她們抵達墳墓時大吃一驚，發現墓口的大石頭移開了，也沒有羅馬士兵守衛。她們急忙進入墓穴，見到裹住耶穌身體的細麻布放在地上，耶穌的身體卻不見了，她們驚嚇得目瞪口呆，這時忽然有兩個衣服發光的白衣人站在她們身邊，她們嚇得趕快跪下，把臉貼在地面，白衣人說：「不要害怕，我知道你們是尋找那釘十字架的耶穌，他不在這裡，照他所說的，已經復活了。……快去告訴他的門徒，說他從死裡復活了，並且在你們以先往加利利去，在那裡你們要見他。」婦女們起身跑出墳墓。當她們剛離開墳墓不久，忽然發現耶穌竟在她們面前，她們就上前抱住耶穌的腳下拜。耶穌對她們說：「不要害怕，你們去告訴我的弟兄，叫他們往加利利去，在那裡必見我。」

同一時候，看守墳墓的幾個士兵正進城去，把這事報告祭司長，祭司長和長老聚集商議，就拿許多銀錢給那些士兵說：「你們要這樣說：夜間我們睡覺的時候，他的門徒來把他偷去了。倘若這話被總督聽見，有我們勸他，保你們無事。」士兵受了銀錢，就照所囑咐他們的去做，這話就在猶太人中流傳開來。

抹大拉的馬利亞等人急忙跑去把親眼所見之事告訴十一個使徒（編按：當時猶大因背叛耶穌而羞愧自殺）和其餘的人，使徒們不信，彼得和約翰立刻起身往墳墓跑，進了墓穴，果然看到一堆細麻布扔在地上，於是滿腹疑惑地回去了。

這一天下午，有兩個門徒從耶路撒冷要到一個叫以馬忤斯的村子去，兩地距離約有二十五里。兩人在路上邊走邊談耶穌遇害的事，這時耶穌悄悄走近他們身邊，他們兩人眼睛迷糊了，沒有認出是耶穌，耶穌問他們談論什麼，兩人中一位叫革流巴的回答說是談論耶穌被釘十字架的事，有幾個婦女到墳墓看，只見墳墓是空的，耶穌已經復活了。於是耶穌便把從摩西到眾先知講到關於彌賽亞的話都講解了一遍。當他們走到以馬忤斯，耶穌還要往前走，兩人便對耶穌說：「太陽已經偏西了，請你同我們住下吧！」耶穌應允了，便和他們同進屋內。他們兩人準備好晚餐，請耶穌坐下一起吃。

耶穌拿起餅來，祝謝了，擘開，遞給他們，他們的眼睛忽然明亮起來，這才認出是耶穌。他們正想喚叫，忽然耶穌不見了。他們立刻起身，趕回耶路撒冷，找到十一個使徒和其他弟兄們，兩人就把在路上遇到耶穌的事告訴大家。正說話的時候，耶穌現身在他們當中，對他們說：「願你們平安。」他們都驚慌害怕，以為所看見的是魂。耶穌說：「你們為什麼心裡起疑念呢？……魂無骨無肉，你們看我是有的。」說了這話便把手和腳給他們看，門徒們看見果真是耶穌復活了，驚喜得不得了。耶穌對他們說：「父怎樣差遣了我，我也照樣差遣你們。」說了這話就向他們吹了一口氣，說：「你們受聖靈。你們往普天下去，傳福音給萬民聽，信而受洗的必然得救，不信的必被定罪。」

耶穌的十一個門徒中有個叫多馬的，當耶穌顯現時並不在場，事後其他門徒告訴多馬，多馬不信，多馬說：「除非我看到他手上的釘痕，用指頭探入那釘痕，又用手探入他的肋旁，否則我就不信。」過了八天，門徒又在屋內聚會，多馬也在內，屋門都關得緊緊的。忽然，耶穌站在當中說：「願你們平安。」然後對多馬說：「伸出你的指頭來摸我的手，伸出你的手來探入我的肋旁，不要疑惑，總要信。」多馬照做了，這才相信耶穌真的復活了，立刻跪下去叫道：「我的主，我的神。」耶穌對多馬說：「你因為看見了我才信，那沒有看見就信的有福了。」接著耶穌在門徒面前行了許多神蹟，讓門徒的信心更加堅定。

過了幾天，門徒來到加利利海，在提比哩亞海邊，西門彼得等人下船去打魚，經過一整夜都沒打著魚，天將亮的時候，耶穌站在岸上，門徒不知道是耶穌，耶穌對他們說：「小子們，你們有吃的沒有？」他們回答說：「沒有。」耶穌說：「把網撒在船的右邊，就必得著。」他們便聽話把網撒下去，竟拉不上來，因為網裡的魚太多了。這時，約翰發現在岸上講話的人是耶穌，便對彼得說：「是主。」彼得一聽，便跳下海去，想立刻上岸見耶穌。船上的門徒們合力把網拉上來，再把船划向岸邊。上了岸，發現岸上正燃著炭火，烤著餅和魚，耶穌把餅和魚分給大家吃。

從耶穌復活以後，四十天內，耶穌常向門徒顯現。第四十天，耶穌和門徒聚集的時候，有一朵雲彩降在耶穌身上，耶穌在雲彩中冉冉上升，門徒們眼看著耶穌向天升去，漸漸地看不見了。

以上是《聖經》中記載耶穌復活的事。也許有人會問，耶穌死後升天就好了，為什麼要復活？中國人信的關公、媽祖，不都是死後變為神嗎？關公、媽祖也沒有復活呀！耶穌為什麼要復活呢？

我們要知道關公、媽祖被供在廟裡是在他們死後，後來的人佩服他們的忠義精神和慈悲精神，便把他們奉為神，關公和媽祖還活著的時候並沒有自認為是神，是他們死後，後人加封他們為神。耶穌則不然，耶穌在世的時候早就明白宣示他是上帝的兒子，奉上帝的差遣來到人世間，所以耶穌為神不是後人封他為神，而且耶穌在世的時候行了許多神蹟，像讓瞎子看得見、聾子能聽見、瘸腿和癱瘓的能走路、讓死人復活等等都是人所做不到的事，耶穌已經向世人顯現出來他是神。耶穌的復活是加強證明他是神，他在復活的四十天內又行了許多神蹟，表明他就是那超乎人類智力和能力的真神，他不須要別人來加封他為神。

耶穌的復活給門徒看，大大堅定了門徒對上帝、對耶穌、對神的信心，也改變了門徒的性格。耶穌的十一個門徒原本是很膽小、懦弱的人，只要看耶穌在最後一夜在客西馬尼園被會堂的警衛逮捕時，門徒全都逃走，耶穌在會堂受審時，彼得躲在人群中，三次否認認識耶穌，就可以看出來這些門徒是多麼膽怯和懦弱的人。然而，當他們看到復活的耶穌後，他們的心裡有了一百八十度的大轉變，他們領悟到肉體的死亡不是生命的結束，肉體的生命是短暫的，未來的生命則是永恆的，於是這些門徒收起了怯懦之心，勇敢面對這世界上險惡的挑戰。不久之後，彼得被公會逮捕，大祭司和長老、文士一起審問彼得，彼得昂然回答是奉耶穌之名為人治病和傳福音，毫不畏縮。彼得所站的地方正是耶穌受審的地方，但耶穌受審時，彼得嚇得三次不認耶穌，而現在彼得竟敢公開說是奉耶穌之名來傳福音，前後兩次判若兩人，彼得由懦夫變成勇士，關鍵就是受到耶穌復活的啟示。耶穌的其他十個門徒也都到處宣揚福音，可是受到許多迫害，這些門徒除約翰一人之外，其餘的人全都殉了道，他們真是視死如歸，毫不畏懼，就像文天祥一樣。所不同的是文天祥不知死後歸到何處，而這些門徒知道自己死後歸到哪裡，這是耶穌復活給他們的啟示和力量。

耶穌復活另一個意義是顯示神的憐憫和慈愛，耶穌復活後沒有責備門徒臨危脫逃，也沒有說要來向殺害他的人報仇，這和中國人的傳統不一樣，中國社會中流傳的是有仇必報，一個被冤死的人常會在臨死前大叫：「我做鬼也要來報仇。」耶穌復活後從沒說過要報仇的話，他念茲在茲的事是要門徒們把福音傳到地極，傳遍全世界。福音是什麼？是愛。基督信仰就是發揚愛心。所以耶穌的復活是向世人展現其對世人的憐憫、寬恕、接納和盼望，這是神的恩典和赦罪，是基督信仰中極為重要的支柱。

如果耶穌沒有復活，基督徒的信仰就變成騙人的甜言蜜語，只是虛幻的夢話。其他宗教也常懸掛著一些對今生和來世的願景，但那些願景只是對人的鼓勵而已，幾乎沒有實現的可能。然而，耶穌的復活告訴人們信仰的真實性，基督信仰能讓人確切地掌握住今生和永生的意義，能確切地知道今生和永生的方向和途徑，不是只有鼓勵性的口號而已。

如果耶穌沒有復活，上帝或神只是人們心中遙不可及的想像，然而復活一事讓神落實到人間，也意識到神就在人的身邊，祂隨時會出現，只不過有時祂出現時，人會迷濛而不能辨識，事後才會驚覺，就像兩個門徒在以馬忤斯的路上遇到耶穌，卻沒立刻認出是耶穌，要等到回家進入室內一起吃飯時才認出來，這種情形，對遭遇病痛或危難的人而言是常有的事。

耶穌的復活是基督信仰中重要的一環，復活證明肉體死亡不是生命的斷絕，生與死不是一刀兩斷的，肉體死亡並非人的結束，而是另一個開始，今生是短暫的，未來的永生是長遠的。從復活清楚認識到永生，會讓基督徒的人生觀得到淨化和昇華。

耶穌的核心思想是什麼？

有一個朋友問我：「《聖經》裡耶穌對門徒說了許多訓示，又做了許多事，耶穌的門徒像彼得、約翰、保羅、雅各等人也對耶穌的話做了許多銓釋，內容繁雜，讓人讀了不容易抓住重點，請問耶穌思想的核心是什麼？」

這個問題對認識基督信仰還不深的朋友來說是十分重要的，因為《聖經》記載的內容十分龐雜，人物故事繁多，如果能先瞭解耶穌思想的核心，對於枝節問題也就能迎刃而解了。

耶穌基督思想的核心是什麼？是愛。《聖經．約翰壹書》第四章十六節說：「神就是愛，住在愛裡面的，就是住在神裡面，神也住在他裡面。」這句話把上帝和愛畫上等號，神就是愛，心中有愛就是心中有神。在《聖經》四福音書中，耶穌一再強調

「愛」，要人們愛神、愛人，要他的門徒們彼此相愛，耶穌給人們的訓示幾乎每一條的內容都含著「愛」，耶穌所有的言行都展現出「愛」，整個耶穌思想的核心就是愛，耶穌所有的言行都展現出愛的精神。

「愛」是人們常掛在口裡的語詞，「愛」也是常被人們誤解的語詞，請看下面一個故事：

一個十六歲的女孩因為吸食安非他命毒品被警察逮捕，送到警察局，警察通知女孩的母親來警察局，警察問女孩的母親知不知道女兒吸食毒品，母親回答說知道。警察問這位母親，既然知道為什麼不阻止？這位母親說：「我的女兒從小功課就不好，但也不是頑皮搗蛋的孩子，我的女兒個性內向，平日沉默寡言，有憂鬱的傾向，每天愁眉苦臉，沒有絲毫笑容，我真為她擔心，怕她真的生了病，我想討她歡心，就常常為她做些好吃的菜，但她對食物沒有興趣，吃兩口就不吃了，有時帶她去逛街買新衣服，她對新衣服也沒興趣，有時星期天帶她去看電影，她會在電影院裡睡著了，她對什麼都提不起興趣，我對她真的無可奈何。有一天，她放學回家，情緒十分興奮，說話高亢，眼睛發亮，這種神情是我從來沒有看過的，我好奇地問她是怎麼回事？她說，放學的時候有個同學給她一顆軟糖，她吃了以後突然覺得精神爽朗，心裡快樂得直想唱歌，外面的顏色好像也變得亮麗起來。我當時不知道女兒吃了什麼軟糖，但能讓女兒快樂起來，總是好事，於是我給女兒伍佰塊錢，要她向同學去多買一些軟糖回來，第二天，她果然帶了一包軟糖回家，後來我漸漸地發現女兒吃了軟糖以後就很興奮，沒吃時就垂頭喪氣，全身無力，我猜想這軟糖可能摻了興奮劑，這對身體一定不好，但我因為愛她，想讓她能高高興興地過日子，便繼續給她錢去買軟糖，我愛她，只要她歡喜，我一定會幫她達成願望。」

這位母親把餵女兒吃毒品說成是愛，這種愛是真愛嗎？

再講一個故事：在一所大學校園裡發生一件凶殺案，一個姓張的男生用尖刀殺了一個姓李的男生，凶嫌當場被逮捕，在警察局裡，警察問凶嫌為什麼殺人？凶嫌回答說：「他搶了我的女朋友，我是為愛殺了他。」這個凶嫌口中說的愛是真愛嗎？

基督信仰中所講的愛內涵是什麼呢？《聖經・哥林多前書》第十三章四至八節說：「愛是恆久忍耐，又有恩慈，愛是不嫉妒，愛是不自誇，不張狂，不作害羞的事，不求自己的益處，不輕易發怒，不計算人的惡，不喜歡不義，只喜歡真理，凡事包容，凡事相信，凡事盼望，凡事忍耐，愛是永不止息。」使徒保羅的這段話說明了基督信仰中愛的真諦，但保羅說的只有一條條結論式的語詞，沒有詳細的解說，實在不容易深切地瞭解他的含義，我願意就我個人對《聖經》的瞭解來對耶穌思想的核心真愛，做一些說明：

一、愛要走在真理的正道上，不違背上帝的原則，不違背自己的良心

許多人站在自己的立場來表示愛，由於個人的立場是有角度、關係、好惡的差異，於是這種具有個人立場的愛常會有所偏差，會愛某甲，不愛某乙，其實甲和乙都一樣值得你愛，但由於你個人立場的因素，遂產生偏差。在一所私立孤兒院裡收容了五十名孤兒，院長是一位白手起家致富的商人，他年老時創辦了孤兒院，親自管理院務，在孤兒院中他特別喜愛一個十四歲的男孩，他給那男孩最好的待遇，有人好奇地問院長為什麼特別寵愛這男孩，院長說，這男孩聰明、勤勞、有責任心，將來在事業上一定會有成就，是個可造之才。院長的話合乎人情，無可厚非，但如就基督的真愛來說，他是偏心的，他應該對全院孤兒一視同仁，希望他們每個人長大後都有成就。

國成是一家公司的業務經理，董事長要他為一項新產品做一個宣傳廣告，國成做

好了，董事長看後不滿地說：「這是新產品，我叫你要加強說它的療效，盡量誇大，你怎麼沒說？」國成說：「誇大療效是不誠實的，雖然我希望公司賺錢，我愛公司，但我要走在正道上，如果我做了誇大不實療效的廣告，這不是愛公司，是在害公司。」

所以，真愛是要走在真理的正道上的。

二、愛是容忍，容忍包含了忍耐和寬恕

真愛是要忍耐許多不合自己心意的人和事，並且給予寬恕、原諒。耶穌的門徒領悟力顯然不高，常常聽不懂耶穌說的比喻，耶穌只好耐心地為他們解說，他的門徒對他的信心不足，耶穌要十二個門徒出去傳福音，給他們驅鬼的能力，可惜他們信心不足，有時驅鬼不成功，耶穌很感慨地說：「我要忍耐到幾時呢？」可是耶穌還是忍耐下來了。耶穌在被釘十字架前曾多次親口向門徒說他要被殺，三日後復活，門徒似乎都不相信，等到耶穌死後第三天復活，抹大拉的馬利亞等首先發現，跑去告訴使徒們，使徒們以為她們是胡言，都不相信，使徒彼得和約翰跑到墳墓，發現耶穌果然不見了，心中感到希奇，到了晚上，使徒們在屋內聚會，耶穌突然現身，使徒們這才相信耶穌

真的復活了。使徒中一個叫多馬的當時不在場，事後別的使徒告訴他耶穌復活，多馬不肯相信，過了八天，使徒們聚會，耶穌又顯現，多馬看到又摸到耶穌，這才相信了。門徒對耶穌如此沒有信心，當然會讓耶穌很難過，但基於對門徒們的愛，耶穌忍耐了門徒們的愚昧，也寬恕了他們。所以，真愛是需要忍耐和寬恕的。

我看過一部電影，內容敘述在美國一個小鎮上，一對年輕夫妻持槍闖入一間民宅去搶劫，民宅主人是一對牧師夫婦，牧師很機警地按下警鈴，搶匪開槍打死了牧師太太，用繩子把牧師綁起來，正翻箱倒櫃，兩名警察趕到，和搶匪發生槍戰，槍戰中兩名搶匪都中彈死亡。事後，警察到搶匪家中搜索，發現一個才滿月的嬰兒，警察抱著嬰兒到教堂找牧師，警察說：「我們知道你的教堂收養孤兒，這個孤兒你可否願意收養？」牧師一聽愣住了，這是殺他妻子的凶手的孩子，他應該仇視這孩子，但他想起了耶穌講的愛，他要愛這個小生命，於是忍著內心的悲痛，答應收養，牧師的這個決定包含了多麼堅強的忍耐和多麼偉大的寬恕啊！

三、愛是付出，不求回報

付出不一定是金錢，主要是愛心。德蕾莎修女沒有錢財，她在印度貧民窟裡用她的愛心來服務窮人，她從未奢望那些受她幫助的窮人會回報她。我常在臺北的大醫院裡看到有許多志工，他們志願在醫院裡服務病人，為一些行動不便的病人推輪椅、掛號、領藥等，他們和病人素不相識，也不會向病人索取酬勞，他們只是付出愛心，這是真愛。

四、愛是不嫉妒

嫉妒是罪的溫床，許多罪惡都是由嫉妒而產生。《聖經・箴言》第十四章三十節說：「嫉妒是骨中的朽爛。」嫉妒會令人產生仇恨感，仇恨感會使人犯下各式各樣的罪行，《聖經》裡記載了雅各的故事，雅各有十二個兒子，他最歡喜第十一個兒子約瑟，給約瑟做了漂亮的衣服，約瑟的十個哥哥心中就點著了嫉妒之火，他們聯手把約瑟賣給以實瑪利人做奴隸，嫉妒的火燄燒滅了手足之愛。

二〇一六年臺灣發生一件轟動社會的慘案，一個才兩個月大的嬰兒突然死亡，檢方要求解剖，結果發現嬰兒是吃了過量的食鹽而死亡，檢方追查凶嫌，經過抽絲剝繭，最後找到嬰兒的大伯母在嬰兒的奶粉裡摻入了大量海鹽，小嬰兒服食大量海鹽，造成中毒而死，檢方再追查大伯母為何要害死一個剛剛出生的小姪女，原因為嫉妒，強烈的嫉妒讓她失去理智、失去良心，犯下殺人重罪。

上帝造人，如同窯匠製造器皿，不同的器皿各有不同的用處，不同的人有不同的特質、不同的才能，每個人要自我認識自己的特質和才能，不必處處和別人比較，和別人爭長短，如果凡事都要和別人一爭長短，就容易產生嫉妒。如果嫉妒心越來越強烈，很容易就會做出犯罪的事來，所以基督徒認為嫉妒本身就是罪。

消除嫉妒心最好的方法就是愛，看到別人比你好，你要去愛他，為他的好表現喝采。

五、愛是不縱容

愛一個人不是處處順從他、稱讚他，我在前面講那個明知女兒服食毒品還給她錢繼續去買毒品的媽媽，實在算不上愛女兒，父母對子女的愛不是縱容子女為所欲為，而是撫養、教育和引導，其中引導包括了引導子女的思想、培正子女的人格、匡正子女的行為，為了引導可以採取懲罰的方式。所以，懲罰在適度範圍內可說是一種愛的表現，對於朋友也是這樣，如果看到朋友做了違背正道的事，愛他的人就要規勸他、導正他，如果去順從他、稱讚他，那不是愛而是在害他。

六、愛是不傷人

耶穌強調要愛人如己，真愛是不會傷害別人的，有些人不瞭解真愛的意義，常會做出傷害別人的事來。

在法庭上，法官正審判一件凶殺案，法官問殺人嫌犯：「死者是你的女兒，你為什麼狠心殺自己的女兒？」

嫌犯不斷地哭泣回答道：「我女兒一出生就是智障兒，長到十三歲智力還不及五、六歲的孩子，而且行為舉止都很幼稚，別人都在取笑她，我每天看在眼裡實在於心不忍，我愛她，希望她能活得幸福，但是她只有在我的保護下才幸福，她母親三年前去世了，今年初，我檢驗出患了肝癌，已是末期，醫生說最多只能拖六個月，我想如果我死了，我女兒一定活得很悽慘，我愛她，實在不忍見她活著受罪，所以在我死前，我用燒木炭讓她平靜地先死去，料理完後事，我也會去死，我殺她，是因為我愛她。」

其實這個父親的做法是錯誤，他可以用別種方法如將女兒託付給某些團體，以便獲得最佳的照顧。殺人是滅絕一個生命，是一種罪惡，用愛作為殺人的理由是讓愛走進了岔路。

在法庭上，法官審理另一件強姦案件，一個女子控告她的男朋友強姦她，法官問那男的：「她既然是你的女朋友，為什麼沒經過她同意就去強姦她？」那男的說：「我愛她，我怕她跟別的男人要好，所以我先下手為強，把生米煮成熟飯，我會和她結婚，我愛她。」強姦對於女方來說，不但是肉體的傷害，也是心理的傷害，傷害了對方還說愛對方，這是扭曲了愛的本質。

總而言之，愛是耶穌的核心思想，也是基督信仰的核心，愛像太陽的光，太陽的光照射到地球，地球上的動物、植物都有了活力，如果沒有了光，只有黑暗，所有的生物將失去活力，成為枯萎狀態。同樣地，愛使人充滿活力，在愛的滋潤下，才能出現真善美的世界。

知性與靈性

我在二〇〇六年受洗成為基督徒，有個朋友對我說：「你是歷史學者，在大學裡教了幾十年書。歷史學的精神是求真，你們歷史學界不是常說：有一分證據說一分話，可見歷史是要憑著證據來說話的。你現在信了基督教，你怎麼能相信處女生子和死人復活的事？從醫學理論來看，處女是不可能懷孕生子的，人死後心臟停止跳動也不可能復活的，你如果相信馬利亞是處女懷胎生下耶穌，如果相信耶穌死而復活，這明明是違反知性的，作為一個知識分子怎麼可以違反知性？這和歷史要求真的原則不相符呀！」

我這位朋友所提的問題正是何以學術界做學術研究的人，難以進入基督信仰的重要原因。最近讀了一本書，書名是《從不相信到相信》，作者李御寧。李御寧是韓國前文化部長，梨花女子大學名譽教授，他的專長是文學評論和文學創作，他的著作甚多，是韓國知名度很高的文化人，被譽為「韓國至高的知性」的人。二〇〇七年李御寧受洗成為基督徒，這件事引起韓國社會的關注，新聞媒體大篇幅報導。其實，在當時的韓國，基督信仰正迅速擴展，幾乎每天都有很多人受洗，受洗乃是很平常的事，為什麼李御寧受洗卻成了大新聞呢？一方面是由於李御寧一向主張無神論，更重要的原因是一個七十五歲有「知性」代表人之稱的老文化人，怎麼會走出知性跑去找一個宗教信仰呢？那不是離開知性走向靈性嗎？

從李御寧的事例可以看出，人們認為對於堅守知性的知識分子應該拒絕基督信仰，其實這種看法是錯誤的，因為人們錯誤地把知性和靈性完全切割，成為兩個對立而互相排斥的東西。

上帝創造人的時候，把知性與靈性兩個元素同時放進人的身體，知性是對宇宙事物的認知能力，靈性是對知性達不到的地方的領悟能力，知性和靈性不是互相對立或排斥的。不過，知性是顯性的，人們容易察覺，容易追求，而靈性是隱性的，人們不容易察覺，往往不知道如何追求。知性比較傾向對事物原理的追求，利用歸納、分析、演繹的方法來瞭解事物的內涵、特質、運作方式等等，一般人講「求知識」就是知性的表現，譬如人文學（文學、歷史、地理、哲學等等）、社會科學（政治、社會、經濟、法律、會計等等）、自然科學（物理、化學、數學、工程、天文等等）、生命科學（醫學、藥學、護理等等）都是知性所結出來的花果。知性的花果很明確地顯現在人的眼前，人們容易接觸到，也容易感受到那些知性的花果產生出來對人和社會的影響，這就使人對知性發生極大的興趣，努力去研究它，想要使知性花朵開得更美，果實結得更多，而且繁殖出不同的品種。由於人類不斷追求知性的開發，遂造成人類文化和文明的進步和發展。

人類努力追求知性就像煤礦工人在挖煤，礦工用力挖煤，但煤礦的礦脈是創造地球之神早就準備好的，礦工只是把煤挖掘出來罷了。人類的求知也是如此，人類利用知性的能力來挖掘知識，使人類擁有的知識越來越豐富，但是不要忘記，知性是創造宇宙的上帝埋藏在宇宙間的資源，人類使用知性的能力開啟了上帝所埋藏的奧祕。人類每發現一個奧祕就會歡喜，挖掘出成千上萬個奧祕，人類就會產生錯誤的自傲自大，以為人是萬能的，人是無所不能的，於是不自覺地就遠離了上帝。

其實，人類的知性是有限的，從知性所獲得的知識也是有限的，人類至今只在上帝的寶藏中挖出一個小洞，得到一小堆寶石，而上帝的全部寶藏有多大，這是人類無法想像得到的。

在海邊，蹲著一個四、五歲的小男孩，手拿一個杓子，身旁放了一個水桶，小男孩努力地把海水一杓一杓地舀到水桶裡。有一個人好奇地問小男孩在做什麼，小男孩回答說：「我的爸爸到海裡去了，沒有回來，我要把海水舀光，找到我的爸爸。」這小男孩的話表示他想找爸爸，卻也表現出他的幼稚無知，海水怎麼可能舀光呢？人類的知性急切地追尋知識，想解開宇宙所有的奧祕，認為人是可以掌握宇宙的，這種想法其實和那小男孩是一樣的。

愛因斯坦曾說，他像在海邊的孩子，偶爾發現一顆漂亮的小石頭就高興得跳起來，其實那無邊無際的大海裡還有數不盡的美麗小石頭。

除了知性之外，上帝還把靈性也放在人的身上。什麼是靈性？靈性是超越知性的內心領悟，靈性是隱藏的，但靈性會在有意無意間放出光芒。有時候靈性是一種感覺，這種感覺不能用歸納、分析、解剖的方法來獲得，學術研究可以獲得知性的果子，卻開不出一朵靈性的小花。我們常看到五、六歲的孩子能彈一手好鋼琴，大家稱他為音樂小神童，說他是天才，他為什麼有這種本領呢？他又沒有經過音樂的專業訓練卻能表演出高超的鋼琴技巧，這是天賦異稟，無從解釋，沒有任何科學方法可以找出天才形成的原因，也沒有任何科學方法可以測量出天才的長度、深度，因為天才是靈性的表現，靈性是無法測量的，用知性的能力是不能解析靈性的。

知性與靈性是上帝放在人身上的兩個元素，這兩個元素不會互相排斥，就像人有手和腳，手和腳不會互相排斥而是各自發揮功能。人可以同時擁有知性和靈性，一般說來，一個人的知性比較容易顯現出來，人無論在家庭、學校、工作場所學習到的幾乎都是如何追求知性，對於靈性則埋藏在內心深處，在偶然之下，靈性也許會透露出光芒。

一個幼稚園老師帶著兩個小孩到花園去玩耍，一個孩子問老師說：「老師，這是什麼花？為什麼這邊的花是紅的，那邊的花是黃的？」另一個孩子說：「老師，這些花有好多顏色，像天上的彩虹。」兩個孩子都在天真地說內心話，但前一個孩子傾向知性，後一個孩子傾向靈性。

其實，知性與靈性並不相衝突，也不相排斥，知性和靈性的關係可以用兩個比喻來說明。

在運動會中都會有跳高的項目，參加跳高比賽的選手會在距離沙坑二、三十公尺之外的地方站立，然後起跑，跑步的速度逐漸加快，到了沙坑邊，奮力跳起來，越過竹竿。所以跳高有兩個步驟，一是跑步，一是向上跳。知性和靈性就像跳高的兩個步驟，跑步是知性，向上跳是靈性。有些人沒有跳躍的彈力，只能跑步，他就可以去參加百公尺賽跑，就像有些人一輩子追求知性，卻始終開發不出自己的靈性。

知性與靈性另一個比喻：一架飛機要起飛之前，先要在跑道上滑行，然後拉起機身，衝上雲霄。知性就像飛機的滑行，靈性就像飛機的飛行。如果這飛機不起飛，就像拆去機翼，只能當作汽車行駛。倘若一個人開啟了靈性，有如飛機的飛行，他就能於天空中盡情自在翱翔。

從上面兩個比喻可知一個人，可同時擁有知性和靈性，只不過有些人一生都追求和依靠知性，而沒有開發出自己的靈性，這些人在世界上也可以活得很好，並不是每一個人都非要去追求靈性。但有一點是可以確定的，那就是知性和靈性是不相衝突的，開發出靈性並不須要放棄知性，同樣地，擁有知性也能開啟靈性。

知性的基礎建立在經驗和規律上，經驗和規律是每一個人都能體會和理解的，它有步驟、有程序、有普遍性，可以重複出現，譬如火爐上放了一個鐵鍋，鍋裡有水，把火開起來，不久水就沸騰了，如果燒它一個小時，鍋裡的水就燒乾了，這是看得見的事，也知道這是熱與蒸發的道理，每個人在任何時間、地點都可以做，而結果都一樣，這就是經驗和規律，是屬於知性的範圍。

靈性基礎建立在信心和感動上，它們是抽象的，是一個人自己內心的感受，它沒有步驟、沒有程序、沒有規律，不一定會重複出現，別人不一定會與你有同樣的感受。所以，知性是可以重複出現，可以用人類的知識來理解的事物，靈性則是超越人類知識能理解的感動，而且無法確定會有規律重複出現，所以靈性往往是人類知識無法理解的事物。

以基督信仰來看知性和靈性。從知性來看，處女生子是違反知性的原則，也就是違反經驗和規律；從歷史紀錄觀之，似乎找不到案例；從生理學而言，沒有精子、卵子，怎麼可以成孕？所以處女生子是不合經驗法則和生理學的程序，所以擁抱知性的人會認為馬利亞未婚而生耶穌是一件虛假的事。但從靈性來看，上帝是造物主，是無所不能的神，神為了宇宙運行順暢，在創造宇宙時制定了許多規律，譬如太陽、地球、月亮各有軌道，按照一定的速度在軌道上運行。譬如人類繁殖是用精子和卵子的結合而受孕；不過，神也有能力打破祂自己所定的規律，比方美國德州休士頓湖木教會主任牧師約爾・歐斯汀（Joel Osteen）的母親在一九八一年罹患癌症，醫生宣布她只能再活幾個月，而且無藥可治，要她回家靜養，其實就是要她回家等死，她回家後，專心讀《聖經》、禱告，也不斷地為別人代禱，並且在教會裡做服事，結果她活到今天（二〇一四年九月），電視鏡頭還照出她現在坐在教堂裡做禮拜，精神奕奕，她多活了三十多年，這是超越知性的醫學規律的事。再舉一個我親眼見到的事，臺灣有一個叫以琳的小女孩，出生的時候醫生把她的右手肩膀神經拉斷了，使以琳的右手不能伸直，手臂和手肘成九十度轉曲，而且手臂不能轉動，母親帶她到各大醫院求診，診斷的結果都說肩膀的神經拉斷了，無法復原，右手將終身不能伸直和轉動，五歲時就領了殘障手冊，到六歲那年，有一天在教堂的醫治特會中，以琳突然發覺右手可伸直和轉動，醫學做不到的事，向上帝禱告竟然做到了。從約爾牧師的母親和以琳兩個活生生的事例，我們可以發現上帝能夠打破醫學的經驗和規律，這證明知性是不能限制靈性的。

既然如此，精子和卵子結合才能懷孕生子是知性的定律，然則上帝可以打破這個定律，讓處女懷孕生子，上帝這個作為是個別的，不是普遍性的，所以是特例，用知性是無法理解的，只有用靈性——對上帝的信心和感動才能體會出來。同樣，耶穌死而復活，在知性上認為是不可能的事，然而，在靈性上相信上帝是無所不能的神，耶穌的復活乃是可以相信不疑的事。

總之，知性與靈性是上帝放在人身上的兩個元素，知性與靈性不會互相排斥，進入靈性並不會放棄知性，就好像飛機駕駛員不可能一天到晚都在天空飛而不著陸，他也會把飛機降落在地上，開汽車回家或回旅館。靈性並不排斥知性，所以一個知識分子進入基督信仰，他用靈性來感受知性所不能解答的事物，是開啟了知性以外另一個瞭解宇宙奧祕的窗戶。所以千萬不要把信仰基督看成是背叛了知性，相反地，從靈性的窗戶可以看到前所未見的新奇景色，而原有的知性窗戶仍然開著，依然可以看到熟悉的舊景色。

道德與信仰

有個朋友問我：「讀了《聖經》，發現《聖經》裡都在勸人為善，講的都和道德有關，既然如此，我只要遵守道德規範就好了，為什麼還要信耶穌基督呢？」

的確，基督信仰的內容包含了道德規範，如果一個人一生都能堅守道德規範，他就是一個好人，縱使他沒有信奉耶穌基督，他的言行也符合基督徒的條件，只是由於沒有信仰，他欠缺了最後的「臨門一腳」。如果用比喻來說，就像一個人學踢足球，他善於搶球、盤球、帶球，只是射門不準，軟弱無力，而一場足球賽決定輸贏的標準是踢進對方球門幾球，搶球、盤球、帶球的表現雖好，但進不了球，那就注定贏不了。搶球、盤球、帶球這些基本功夫就像道德，而射門的功夫則是信仰，也就是說走在人生道路上，靠堅守道德規範，腳步可能很穩健，但如果道路上遇到障礙，只靠堅守道德規範，恐怕不容易越過障礙，達到成功的目標。因為道德規範是要人用意志力來堅守的，可是人的意志力是有限的，常常會有軟弱的時候，當意志力不足時，人往往就守不住道德規範了。

例如道德規範裡有一條「不可偷竊」，一個平常人不會隨便去拿別人的東西，他知道那是偷竊，是不道德的事，他要遵道德規範，縱使沒人看見，他也不會去拿。但是如果有一個人一整天沒吃東西，腹內飢腸轆轆，可是口袋裡又沒有一分錢，這時他看到路邊有個小店，店門口放著一盤白饅頭，店裡沒人，他會不會趕快伸手偷拿一個饅頭充飢？這就考驗他能不能堅守「不可偷竊」的道德規範了。如果只憑人要活下去的本能衝動，這時他會迅速抓一個饅頭來吃，管不了遵不遵守什麼道德規範，但是如果他有信仰，他會忍著飢餓，等候店主人出來，和店主人商量，他是不會去偷饅頭的。

現今我們的社會物慾橫流，缺乏公義，處在這樣的社會中想堅守道德的人，往往十分痛苦，像是置身在一個有很多毒蛇的山洞中，他要全神貫注來應付毒蛇，深怕稍一鬆懈就會被毒蛇咬一口，在這種環境裡，這個人能長久待在這洞裡嗎？他不緊張嗎？他不痛苦嗎？他會不會想停止這種隨時會被蛇咬的威脅和恐懼呢？當然會，那麼他該怎麼辦呢？只有一個辦法，就是逃出山洞。不過，逃出山洞後，外面的草叢中也到處有毒蛇，因為這是一個毒蛇盤踞的地方，外面的危險性未必比山洞小，那該怎麼辦呢？最好的辦法是在身上抹上一層油，這種油是毒蛇不敢接近的，於是這個在蛇區中的人才真正得到安全。

在充滿物慾和罪惡的社會中，堅守道德是十分困難的，因為其中有利誘、有威脅、有恐嚇，憑著個人的意志力來抗拒是相當不易的，手一鬆，腳一軟，就抵擋不住外在的巨大壓力，向物慾和罪惡投降了。

文群在一家食品公司擔任業務經理，這家公司的專業是製造植物油，產品有沙拉油、葵花油、玉米油等十幾種食用油。有一天，總經理把文群叫進他的辦公室，總經理手裡拿著幾張紙，問文群說：「這裡有五家公司的黃豆報價，四家的報價都差不多，只有這家富祥公司的報價特別低，是其他公司的六折價，為什麼？」文群回答說：「我也覺得奇怪，所以特別跑到富祥的倉庫去看，才發現那批黃豆早已過期，都發了霉，發了霉的黃豆含有毒素，是不能用來製油的。」

總經理想了一下，對文群說：「下訂單，把富祥的黃豆買下來，快去辦。」

回到座位上，文群心裡越想越不安，用含有毒素的黃豆來製食用油，這是不道德的行為，做生意固然要賺錢，但不可以害人啊！文群始終簽不下這個訂單。

下了班，文群去找他的父親，他的父親是牧師，文群從小受父親的影響，很早就受洗成為基督徒。文群把富祥公司的事對父親說了一遍，父親望著文群說：「這是不道德的事，也違背了《聖經》的教誨，你不可以簽這訂單。」

文群遲疑地說：「如果我不簽，總經理要我走路怎麼辦？」

父親說：「失業是暫時的問題，偏離上帝的道是終身的汙點，文群，你自己禱告吧！」

第二天上午，總經理問文群為什麼還不簽富祥的訂單，文群說：「我簽不下去。」

總經理一拍桌子，指著文群說：「你給我走路，公司不要你這個人，立刻離開。」

文群心平氣和地回辦公室，收拾一下就走了。

下午快下班的時候，總經理召了業務專員順康來，總經理對順康說：「文群離開公司了，我升你為業務經理，你明天要簽買富祥黃豆的訂單，要快辦。」

順康下班回家，立刻把這消息告訴妻子美貞，美貞說：「恭喜你升為經理了，你知不知道文群為什麼離開公司？」順康說：「我打手機問文群，文群說他不肯簽買富祥黃豆的訂單，總經理叫他立刻走路，我問他為什麼不簽？他說富祥的黃豆是過期又發霉的，他不肯簽。美貞，妳看我明天要不要簽呢？」美貞說：「如果你不簽，你就會和文群一樣，被趕出公司，你想不想保住你的職位呢？」順康沉思了一下，說：「這是不道德的事，但我怎麼頂得住？我不能不顧到現實啊！」

第二天，順康簽下了購買富祥黃豆的訂單。

過了三個多月，有一天，衛生局幾個官員和檢察官帶著警察突然來到公司，官員說檢驗出該公司的油品有過量毒素，特地來查公司存貯原料的倉庫，結果發現大批發霉的黃豆，於是檢察官下令把業務經理順康帶走。

文群和順康的故事在我們社會中經常發生，在唯利是圖的罪惡環境裡，堅守道德是很困難的事。

下面要講一個堅守道德而改變歷史的故事：

一七五九年八月二十四日在英國的赫爾（Hull）港出生了一個小男孩，名叫威廉・威伯福斯（William Willerforce），威伯福斯家是一個銀行世家，家產甚多，可惜人丁不旺，威廉・威伯福斯是這個家族中唯一的男性傳人。他生活富裕，婢僕成群，中學讀貴族學校，一七七六年進入劍橋大學文學系，喜愛古典文學，又迷上打牌。他的牌技高超，被稱為「英格蘭第一牌客」，但是打牌並不能讓他得到滿足，他覺得人生好空虛。

一七七九年他認識一個法律系的同學皮特（William Pitt），兩人到倫敦議會去聽法案的辯論，聽完以後，兩人對唇槍舌戰的辯論大感興趣，相約在大學畢業後議會見。

一七八〇年威伯福斯剛從劍橋大學畢業，便在赫爾選區當選英國國會議員。由於口齒伶俐，言詞優雅卻又尖銳，很快便成為議院的新星。但是，威伯福斯並不快樂，愈接近政治權力的核心，愈看清楚這些似乎在為國家福祉執行公務的人，私底下卻是追逐私利和鞏固自我，這讓他痛心不已。一七八五年他受到老師米爾納（Isaac Milner）教授的影響信奉了耶穌基督，而且非常虔誠，每天讀《聖經》、禱告，這時他渴慕耶穌，對虛偽的議會產生厭惡感，很想離開議會。一七八六年復活節早晨，他獨自在野外禱告，忽然在腦海裡出現一個領悟：「我不能逃避，要回到工作中，認知上帝把我放在這個位置的目的，而不是當逃兵。」

一七八七年春天，威伯福斯提出「道德提升法」，遭到許多議員反對，未能通過。到年底，威伯福斯和七個基督徒政治家組成「陽光協會」，實際是一個禱告會，這八個人都十分優秀，他們專長不同，有鑽研政治、法律、經濟、教育等各領域，但他們有個共同點，就是都是基督徒，都堅持道德的理念。這八人小組後來被人稱為克拉朋聯盟（Clapham Sect），克拉朋是倫敦郊區的地名，他們在這裡聚會，這裡是威伯福斯在倫敦的家。

克拉朋聯盟的成員在一起討論如何提升道德的改革法案。當時英國盛行黑奴的販賣，許多商人、軍人和政客到非洲去捕捉黑人，把黑人當豬狗一樣，手腳上了鐵鍊，關在鐵籠裡，用船運到英國和殖民地賣給貴族和企業主，這些黑奴不斷受皮鞭鞭打，如果敢反抗，立刻遭殺死或拋到海裡。黑奴在英國和殖民地多得無法計算，他們要做各種各樣的苦工卻沒有任何報酬，他們的生活比牲畜更差，生死全操在主人手裡，這種奴隸制度實在是極不道德的事情，一七九〇年威伯福斯提出「禁止奴隸販賣法案」，法案的重點是「非洲的黑人是人，不是野獸，把人拿來販賣是違反基本人權，是犯罪的行為，應該立法禁止」。

法案在英國議會引起激烈辯論，反對的聲浪排山倒海而來，反對的理由主要是(1)英國實施自由經濟，黑奴能否賣買由市場決定，(2)蓄奴不是罪惡，總比他們在非洲餓死好，(3)如果沒有奴隸，大英帝國的經濟一定大幅衰退，(4)法國、俄國、西班牙等國都在販賣黑奴，英國為強大國力要更加進口黑奴。投票結果，廢奴法案未能通過。但是威伯福斯並不灰心，繼續鼓吹廢奴，在議會中，威伯福斯大聲疾呼：「非洲啊！非洲！你的痛苦深扎我心，使我無法用任何字眼來表達你的痛苦。」他的悲號讓很多議員觸動了良知，開始出現支持廢奴的聲音。反對陣營一看情勢不妙，趕快提出折衷法案——「逐漸廢除奴隸販賣法案」，結果通過，其實這是反對者的緩兵之計，廢奴是「未來」的事而不是立刻實施。威伯福斯知道這個小勝利是虛浮的，他要更努力地用具體行動來鼓吹廢奴。這當然觸犯了既得利益者，他們紛紛指責威伯福斯出賣英國國家利益，是煽動黑奴暴動的罪犯，是虛偽的道德主義者，是騙子，是自由的背叛者，是精神病患，各種誹謗的言詞像傾盆大雨而來。英國的議會是兩院制，人民選出下議院議員，英王任命貴族組成上議院，「逐漸廢除販賣奴隸法案」在下議院通過，立刻被上議院否決掉。

一七九三年威伯福斯再向下議院提出「外國奴隸法案」，要求禁止英國船舶運送黑奴，這法案則直接被下議院否決，不僅引來一片辱罵，連英國國防部長都寫信威嚇威伯福斯，在英國甚至傳出有人要謀殺威伯福斯，威伯福斯曾兩次遭襲，一次頭部受傷。

在難以抗拒的壓力下，威伯福斯仍然不斷大聲疾呼：「奴隸是文明的恥辱，這個衡量的尺寸不是為我個人的利益，我相信唯一標準的尺寸是來自政治上有一個更高的原則，那就是《聖經》。」過度的激動讓威伯福斯生了一場病，病好了以後，威伯福斯又提出「監獄法案」，要求改善監獄管理制度，尊重犯人的人格尊嚴。威伯福斯又提出許多法案，幾乎都與提升道德有關。一八〇四年「禁止奴隸販賣法案」在下議院通過，卻又被上議院擱置了，到了一八〇七年英國議會上下兩院終於都通過廢奴法案，將幾千年來奴隸制度的惡習，戳破一個大洞。但是威伯福斯和克拉朋聯盟弟兄並未停歇，立刻又開始推動普世的廢奴運動，經過十年的努力，歐洲各國也簽訂了廢除奴隸販賣協議。一八三三年英國議會正式宣布「黑奴自由」了，威伯福斯奮鬥了四十三年的目標終於達成了。到一八六五年美國南北戰爭結束，解放黑奴，奴隸制度自此徹底消失。

威伯福斯一生為廢除奴隸制度努力，他傾家蕩產，甚至生命屢遭威脅，但不輕言放棄理念。對他而言，這是一場道德戰爭，他能夠堅持到底，獲得最後勝利，靠的是基督信仰，當他軟弱時，他祈求上帝給他支撐下去的力量。

從威伯福斯的故事我們可以得知，想做堅持道德的事並不容易，基督信仰會幫助人建立道德的信心，幫助人達到堅守道德的成果，所以，道德和信仰並不互相排斥，而是相輔相成的搭檔。

積功德與行善

有一個還沒有信基督的朋友問我：「中國人講要積功德，我有一個基督徒朋友對我說，《聖經》裡沒有記載要人積功德，我很懷疑，難道基督徒就不要積功德嗎？」

我這位朋友的問題是只從名詞的表面來談，為此我們要先瞭解中國人的積功德是什麼意思。積功德就是做好事、行善，中國人受了佛教、道教的影響，相信人死後會輪迴，下一世輪迴做什麼？是人？是牛馬？是鳥獸？如果是人，那會投胎到富貴之家還是貧賤之家？下一世做什麼事自己無法決定的，但今世可以「修」來世，這「修」的最快速途徑就是積功德，功德積得越多，來世就會越好。此外，中國人又相信有「業障」，所謂「業障」又稱為「孽障」，就是前世做了壞事，今世因為前世的壞事而得了報應，這就是業障或孽障，例如一個人對父母不孝，會打罵父母，人們就會說那父母前世做了壞事，生下這不孝之子乃是孽障。如何消除孽障呢？就是積功德。

至於基督徒是不是要積功德？《聖經》裡沒有提過人要積功德，但在《聖經》裡提到「行善」的經文多達數十處，所以《聖經》強調人要行善。

為什麼《聖經》要強調行善呢？因為基督徒信仰耶穌基督，耶穌基督是什麼？是愛，整個基督信仰就是愛的精神，基督徒就是持有愛心的人。在《聖經．馬太福音》第二十五章，耶穌說了一段話：「你們這蒙我父賜福的，可來承受那創世以來為你們所預備的國。因為我餓了，你們給我吃，渴了，你們給我喝，我作客旅，你們留我住，我赤身露體，你們給我穿，我病了，你們看顧我，我在監牢裡，你們來看我。義人就回答說：主啊！我們什麼時候見你餓了給你吃？渴了給你喝？什麼時候見你作客旅留你住？或是赤身露體給你穿？又什麼時候見你病了，或是在監牢裡，來看你呢？王要回答說：我實在告訴你們，這些是你們既作在我這弟兄中一個最小的身上，就是作在我身上了。」這段經文記載耶穌說，我餓了你們給我吃，我渴了你們給我喝，我赤身露體你們給我穿，我病了你們看顧我，我在監牢裡你們來看我。耶穌的話讓聽的人很驚奇，因為他們沒看到耶穌餓了、渴了、赤身露體、病了、坐監牢，耶穌告訴他們只要有一個可憐的弟兄餓了、渴了、作客旅、赤身露體、生病、坐監牢，他們去照顧、幫助他，那麼就等於作在耶穌的身上。耶穌的話表示要普遍性行善，把善事作到需要的人身上，那就等於愛耶穌。基督徒受了耶穌的啟發，所以要發揮普遍性的行善。

從歷史來觀察，兩千年來，基督徒都在默默地行善，古代的歐洲就有許多孤兒院、安老院，都是教會設立的，許多歷史悠久的大學最初都是教會辦的，而且教會經常是救助站，人們有困難常會到教會求援。基督徒個人行善的事多得不勝枚舉，其中最著名的例子就是德蕾莎修女。

德蕾莎修女本名愛格妮斯（Agnes Gonxha Bojaxhiu），一九一〇年出生，在家中排行老三，父母都是虔誠的天主教徒。一九二八年，德蕾莎十八歲，高中畢業，進入愛爾蘭首都都柏林附近的樂瑞拓修女院總會，成為見習修女。六個月後，她被派到印度大吉嶺分院，臨行之前，院長要她取一個新名字，她選了「德蕾莎」。

一九三一年德蕾莎修女被派到印度加爾各答恩特來社區的聖瑪莉中學，擔任地理和歷史教師，那所中學是一所貴族型的學校，一九四四年升任為聖瑪莉中學校長，她在這所中學任職十七年。

德蕾莎修女雖在學校教書，生活舒適安定，但她卻心繫著學校圍牆外，加爾各答大街上，破落骯髒和貧窮的景象，一道圍牆兩個世界，讓德蕾莎修女深深感到不安。她自己思考：「那些窮苦的人也都是上帝的兒女，有權享受神的恩典，我應該把神的愛帶給他們。」於是，德蕾莎修女開始在課餘時間，走出校園，到大街上去幫助那些可憐的人，幫他們包紮傷口，送食物和聊天。

一九四六年九月十日，德蕾莎修女到加爾各答火車站，準備搭車到大吉嶺去，火車站內到處是乞丐，正當德蕾莎修女穿過人群要走上車廂時，她忽然聽到一個微弱的呼聲：「我渴，我很渴！」德蕾莎修女停下腳步，循聲而去，發現一個虛弱的老人在呼喚，那種悲苦求援的表情彷彿一記重拳擊中德蕾莎修女，使她呆住了，她的同伴來拉她，才把她叫醒。

到了大吉嶺，那是個風景優美的地方，但是德蕾莎修女根本無心欣賞風景，她的腦海裡環繞的全都是「我渴，我很渴」的呼聲，使德蕾莎修女想起《聖經・約翰福音》第十九章二十八節記載耶穌被釘在十字架上，臨死之前說：「我渴了。」有人用海綿沾了一些醋，綁在牛膝草的桿子上，送到耶穌口中，耶穌嚐了那醋，便說：「成了！」

就低下頭，把靈魂交付給神了。

這段記載描述那麼生動，深深印在德蕾莎修女心中，給了德蕾莎修女一個啟示：「我渴。」是耶穌代表所有苦難者發出的深層呼喊。想到此處，德蕾莎修女悚然一驚，莫非這就是神對她的呼召嗎？

回到加爾各答，德蕾莎修女向神父報告，她要去做服侍窮人的工作，神父向教會報告，一九四八年四月十二日羅馬教宗批准了德蕾莎修女的請求，獲准離開修道院，於是德蕾莎修女辭去學校校長的職務，也走出修道院，卻仍然保持修女的身分，投身到加爾各答的貧民窟中去。

德蕾莎修女用不到半年的時間，到一家天主教醫院學會了所有護理技術，然後在市區內寄宿在一個人家的小閣樓上，她用最粗的布料為自己做了一件紗麗，就是印度婦女披在身上的外衣，她吃著和當地窮人一樣的食物，要和加爾各答的窮人打成一片。她要瞭解窮人，為窮人解決困難和痛苦。所以每天做得最多的事是：照顧老弱病人、安慰內心痛苦的人和教那些失學的孩子讀書。

漸漸地加爾各答貧民窟的人瞭解德蕾莎修女的愛心，不但接納了她，甚至還自願來做義工，幫她做事。之後有一個較富有的印度人要離開加爾各答，便把一間小房子捐給德蕾莎修女，德蕾莎修女利用這間小房子成立了「臨終之家」，讓許多躺在街頭瀕臨死亡的窮人住進臨終之家。

有一天，德蕾莎修女看到街上垃圾堆旁躺著一個骨瘦如柴的老人，已經奄奄一息，她把老人抱進臨終之家，為老人洗頭、洗澡，換上乾淨衣服，然後為老人按摩，給老人飲料食物。第二天，老人很努力地睜開雙眼，用微弱的聲音對德蕾莎說：「我這一生活得像狗，現在要死了，卻像個人了，修女，謝謝妳！」老人臉上露出一絲笑容，就閉目長眠了。

其實，德蕾莎修女在印度貧民窟做照顧窮人的工作，並沒有向那些窮人宣揚福音，她知道那些貧民大都是印度教徒，教育程度又低，不太可能接受福音，她尊重他們舊有的宗教信仰，但仍默默地工作，照顧他們，為他們裹傷，為他們找藥，為他們清理環境，為他們教育孩子，為他們處理死後的喪事。德蕾莎說：「我們試著告訴窮人的，是我們無法解決你的問題，但無論你是何等光景，上帝依然愛你，不管你是否能痊癒，上帝對你的愛不會減少，而我們在此便是表達這份愛，無論痛苦如何折磨，上帝必然愛你不變。」

一九五〇年十月羅馬教宗批准了德蕾莎申請成立仁愛修會，命名為仁愛修道院，有四個修女願意進入修會，從事服事加爾各答窮人的工作，修會在印度大主教的祝福下成立，德蕾莎在成立典禮中誦讀了宣言：「為解除基督無盡的飢渴，我將全心全意奉獻於最貧困之人，照料傷殘孤苦之人，並且教育流浪兒童，探望乞丐和其子女，安置被遺棄、被驅逐、未蒙愛之人，以慈愛工作彰顯神之愛。」

不久，仁愛修會的成員增加到二十八人，有一個回教信徒甚至願意把他的一幢房子廉價賣給仁愛修道院，讓德蕾莎的工作得以更順利地推動。修會的修女要過印度窮人的生活，她們擁有的財產只有一個十字架、幾本經書、三套修女制服、一雙涼鞋、一床被子、一個碟子、一塊肥皂，一個洗臉盆和一個裝上述東西的鐵桶。修女們三或四人同住一間，僅吃素食和米飯，沒有電視、冰箱、洗衣機、冷氣，甚至連電風扇都沒有。這些修女真是「安貧樂道」，她們不但做自己的修養，還要走出去濟世活人。

當時的印度政府既無能力，也沒意願來救助窮人，於是德蕾莎修女和仁愛修道院成為印度窮人心中的一盞明燈。

但是在基督信仰裡行善不是積功德，為什麼？基督信仰中的行善有三個特性：一是行善為基督徒人生的本分，它不是手段，也不是用來達成其他的目的；二是行善為基督徒平常生活的一部分，不是額外的功課，所以不能用此來自誇，更不可逢人就炫耀自己行了善，自己積了功德；三是基督徒的行善不是單純靠著利用金錢財物，像德蕾莎修女根本沒錢，她是用愛心行善，所以基督徒的行善是發揮愛心，遵從耶穌「愛人如己」的指示。

我們可以發現中國人所謂的積功德和基督信仰的行善都是做好事，只不過二者在本質上是不同的。基督信仰的行善著重的不是金錢和物質，著重的是愛心，不僅僅是把東西施捨出去，而是把自己的愛心送到別人的心裡，讓對方也能獲得心裡的溫暖。

親愛的朋友，請記住：行善是付出你的愛心，誠心真意地幫助別人，但不是施捨，不是僅僅用金錢，而是用關懷，把上帝的愛傳出去。親愛的朋友，讓我們大家來行善吧！

誰是罪人？

我在臺北念中學的時候，有一天在街上看到一隊人穿著背心在遊行，好幾個人的背心上寫著「我是罪人」四個大字，其他的人背心上則寫著「神愛世人」、「耶穌愛你」等字樣，原來是一群基督徒在傳教，當時我心裡就產生疑問，那些人是罪人，他們是基督徒，可見基督徒是罪人，做了基督徒就成了罪人，我是守規矩、不犯法的好人，我不想變成罪人，於是我決定不進基督教的大門。

「我是罪人」是基督教的宣教標語，我受這標語的影響，幾十年來都拒絕接近基督教，直到二〇〇六年我第一次接觸到《聖經》，才逐漸扭轉對基督教的反感。當我讀完整本《聖經》和一些介紹基督信仰的專書以後，我才真正瞭解到「我是罪人」這句標語的意義，所以我想來解釋一下基督教講「我是罪人」的意義是什麼，免得一些還未信耶穌基督的人和我一樣，被這個標語誤導而遠離基督大門。

首先，我要談人性，人性是善還是惡，這是個爭論不休的問題，中國主流思想儒家就有兩種說法，孟子和荀子都是儒家中最重要的思想家。

孟子主張性善，認為人的本性是善的，以一個小孩落井為例，他說一個小孩掉到井裡去，看到的人都會產生驚嚇悲憫之心，會想立刻去救這小孩，他這種心理和行動不是要討好小孩的父母，而是出於他本身的善性。

荀子則認為人的本性是惡的，小嬰兒手腳能自由活動時就喜歡搶東西，可見一個人本性是惡的，父母和長輩就會教小嬰兒不可以搶別人的東西，灌輸小嬰兒要有「守本分」的觀念，讓他知道好壞是非，所以荀子說：「人之性惡，其善者偽也。」意思是說人性本是惡的，後來會變善是「偽」的，「偽」是「人為」的意思，也就是教育、教導，也就是要透過教育、教導，使人去惡向善。

什麼是善和惡？善是指美德，如仁慈、博愛、憐憫、孝順、忠心、寬恕……等等，惡是指敗德，如妒忌、仇恨、貪婪、姦淫、不忠、不孝……等等。

基督教對人性的看法是什麼呢？

在《聖經・創世記》中記載說，上帝創造宇宙萬事萬物，最後按照自己的形象造了男人、女人，男人取名叫亞當，女人取名叫夏娃。所謂形象，不僅是外表的樣子，還包含了內在的精神，人的內在精神是什麼？即是人性和智慧。上帝的本性當然是善的，自然也將善的本性給了人，所以上帝最初造的兩個人——亞當和夏娃，他們的本性也是善的。

亞當和夏娃在伊甸園裡過著無憂無慮的生活，上帝告訴他們，園中各種樹上的果子都可以隨意吃，只有一棵叫分別善惡樹的果子不可以吃，那是禁果，吃了以後將會死。在園裡有一條極為狡猾的蛇對夏娃說：「園中那麼多樹都結了果子，神不許你們吃園中樹上的果子嗎？」夏娃說：「園中樹上的果子我們都可以吃，惟有園當中那棵樹上的果子不可吃，神警告我們說：『那樹的果子你們不可吃也不可摸，免得你們死。』」蛇對夏娃說：「你們不一定死，因為你們吃了那果子以後，眼睛就明亮了，你們便和神一樣，能知道善和惡了。」夏娃受了蛇的誘惑，便摘下分別善惡樹的果子吃了，也給她的丈夫亞當吃了。

亞當和夏娃偷吃分別善惡樹果子的事立刻被上帝察覺，上帝便把亞當和夏娃逐出了伊甸園。

為什麼亞當和夏娃偷吃分別善惡樹的果子會造成如此嚴重的後果呢?原來上帝在初造亞當和夏娃的時候,是把善的本性給了亞當、夏娃,偷吃禁果不但違反了上帝的命令,而且表示人脫離了上帝,人要自行其是。

這世界上本來就有善和惡,亞當、夏娃在偷吃禁果以前,都是以上帝的標準在判斷善與惡,上帝以為善的事,亞當、夏娃也以為善,上帝以為惡的事,亞當、夏娃也以為惡。然而,亞當、夏娃偷吃禁果後,便用自己的想法來分別善惡,每個人有自己的立場、自己的利害關係、自己的知識侷限和自己的性格,於是對善惡就有不同的看法。同一件事,甲說善、乙說惡,究竟是善是惡,弄得混淆不清,甚至有些作惡的人還會指自己的行為是行善,殺人的兇手還會辯護說自己殺人是在執行正義。像《水滸傳》裡梁山泊一百零八條好漢明明是盤踞山寨的強盜,他們卻自稱「忠義」,說自己是「替天行道」的英雄,這真是冒用「天」的善名來行自己的「惡」道。

由於立場不同,最容易造成善惡難分,舉兩個歷史人物為例:

唐德宗是唐朝中期的皇帝,任命盧杞為宰相,盧杞貪贓枉法,做了許多壞事,導致民怨沸騰，人人痛恨盧杞，終於造成京城附近軍隊叛變，唐德宗倉皇逃離京城長安。許多官員上奏章給皇帝，指責盧杞的種種罪惡，這次大動亂的罪魁禍首就是盧杞，唐德宗對群臣們說：「你們都說盧杞奸惡，但盧杞在我面前表現得恭謹溫和，是個善良的人，他處處替我設想，對我好得很，他是個大善人呀！」

這故事反映出官員們和皇帝因為立場、觀點、角度的不同而對盧杞產生善惡不同的評價。

北宋末年，金朝大軍攻破了汴京開封，把宋徽宗、宋欽宗兩個皇帝擄去，宋朝的群臣在長江以南擁立宋高宗繼承皇位，這就開始了南宋。

岳飛是宋朝的將領，有謀略，勇敢善戰，而且對宋朝政府忠心耿耿，立志要打到金朝老家——東北的遼寧，救回被擄的宋徽宗和欽宗，他屢次打敗金兵，金人感到恐懼。

這時宋高宗在杭州，他聽到岳飛在前線打了勝仗，而且立志要接回被擄的宋徽宗和欽宗，心裡感到十分憂慮，因為宋徽宗是他的父親，宋欽宗是他的哥哥，如果宋徽宗和欽宗真的被岳飛救回來，那麼這皇帝位子豈不是該歸還父親或哥哥，自己就不能坐在皇帝寶座上了。這時宰相秦檜猜到宋高宗的心事，便向宋高宗建議和金朝議和，宋和金不打仗，以長江為界，另一方面召岳飛回杭州，把岳飛殺了以除去迎回徽宗和欽宗的隱憂。宋高宗聽了秦檜的計謀，立刻同意，於是秦檜用十二道金牌召岳飛回杭州，並且把岳飛處死。

岳飛無罪冤死，當時文武大臣紛紛痛罵秦檜，只有宋高宗十分高興，他覺得只有秦檜是愛護自己的人，秦檜是個大忠臣、大好人。

從盧杞和秦檜的例子可以看來，評論一個人是善是惡，常和評論者的立場、觀察角度有關。

二〇一四年六月臺灣的報紙上刊登了一個小偷的消息。在臺灣的便利商店中常放一個「愛心筒」，那是一個小小的塑膠筒，讓顧客把零錢投到筒裡，作為幫助孤兒院、安老院或殘障人士之用，所以這是個慈善捐款筒，由於是自由樂捐，所以愛心筒是放在櫃檯的角落裡，店員不必看管。有一個少年趁店員不注意的時候，偷了愛心筒裡的錢，把錢倒出來，把空筒放回去，這少年自認為做得很隱密，一連偷了好幾家便利商店。有一天，他正在偷竊的時候被發現了，於是他被送到警察局，警察問他為什麼要偷錢，他卻毫無慚愧的樣子回答道：「我常去網咖玩網路電動遊戲，每個月要一千多元，我父親每個月只給我五百塊零用錢，不肯多給，害我不得不想辦法弄點錢，我不是壞人，我父親才是壞人。」

這少年的話讓所有聽到的人都目瞪口呆，他心中的是非善惡標準竟然和大家相反。所以，由每個人自己來決定善與惡，就會產生善與惡的混淆，社會上許多紛爭、仇恨都由此而來。《聖經》裡記載亞當、夏娃吃了禁果以後，人人都由自己判斷善惡，負面的結果就顯現出來了。

基督教認為人性原是善的，但因亞當、夏娃吃了禁果，這成為人類的「原罪」，原罪帶來了惡性。換句話說，基督教認為人性本善，後來增添了惡性，這個主張無異是孟子人性本善說和荀子人性本惡說的綜合體。不論哪一種主張，都希望人要去惡存善，只是去惡存善的方法不同。孟子認為人要隨時保持「赤子之心」，也就是保持原有的善心；荀子認為人要接受教育，使人認識什麼是善，再以善來掩蓋本性的惡；基督教則認為人要認識自己的原罪，向耶穌和上帝懺悔，請求神的赦免，使自己的罪性得以消滅，便能一心向善。所以，從表面上看，孟子、荀子和基督教對人性善惡的看法不同，但實質上，三者期望人性去惡存善的最終目標是相同的，可說是殊途同歸，並無牴觸。

基督徒會說「我是罪人」，是說我本身具有原罪遺傳的罪性，而不是說我犯了法被判了罪，這個「罪人」是指有罪性的人，不是有罪行的人。

這裡要談一談，基督教對罪的定義，在《聖經》裡把罪的範圍定得很廣，凡心裡有不良的想法就算是罪，像心裡有嫉忌、仇恨、貪婪、非分甚至恐懼退縮的想法就是罪，不過這只存在心裡，沒有表現出來。然而這種心裡的念頭，在基督教來說就是罪，譬如一個男人看到路上一個漂亮的女孩，很想跑過去抱她，和她有肌膚之親，其實他並沒有任何動作，只是心中產生此念頭而已，罪行是顯性的，罪性是隱性的。不過，所有的罪行背後都隱藏著罪性，所以，防止罪行最好的辦法不是嚴酷的法律，嚴酷的法律固然可以讓人「不敢」犯罪，但如果法律的執行力不足之時，人們就「敢」去犯罪了，防止罪行的最好辦法是讓人「不願」去犯罪，換言之，縱使沒有任何法律的懲罰，也不願去犯罪。要怎麼做到讓人「不願」去犯罪呢？基督教認為去除人的罪性，是最基本、最徹底的方法，沒有了罪性就不會有罪行，一個沒有罪行的社會，就像生活在天堂一樣。

基督徒說「我是罪人」是一種自我警惕，就是使人不要忘記自己是有罪性的人，要時時向神懺悔，請神除去自己的罪性，承認「我是罪人」，最後才能成為一個「無罪之人」。所以，不要誤解基督教「我是罪人」的宣傳標語，不要只從字面把「我是罪人」看成是自己承認我是壞人，要瞭解到「我是罪人」四個字實在是對人性做赤裸裸的解剖，承認人性中有惡的根，這就是罪性，把罪性消除掉，才能成為真正的好人。因此，「我是罪人」是一個自我警惕、自我反省的語詞，千萬不要誤解「我是罪人」四個字而耽誤進入耶穌基督信仰的大門。

中國人為什麼不容易信基督教？

中國信奉基督教的人數確實不夠多，是有許多原因造成的，在這裡我最想先討論一個原因：為什麼中國人不容易信基督教？下面是我自己做的一些探討。

一、基督教傳入中國概述

基督教早在唐朝初年就傳入中國，至今已有一千四百年，然而中國人信基督教的並不多，根據基督教資料中心發行的《二〇一五年臺灣基督教會教勢報告》統計，二〇一五年臺灣地區基督教徒有一、四六四、九八一人，占臺灣總人口數的百分之六點二五。中國大陸方面沒有確切的統計，許多估計的數目差異很大，少者有二千多萬人，多者有八、九千萬人，占總人口十三億人中的比例不高，可見在中國傳佈基督福音的工作尚待努力。

首先，我們簡略地敘述一下基督教傳入中國的歷史過程。

基督教第一次進入中國是在唐朝初年，稱為景教，是基督教聶斯托利派（Nestorianism），在波斯地區傳佈。唐太宗貞觀九年（六三五）景教信徒阿羅本（Alopen）來到長安，唐朝政府對外來宗教表示歡迎，協助阿羅本翻譯景教經典，貞觀十二年，唐太宗下詔在長安建立一所景教寺院，稱為「波斯寺」，到唐玄宗天寶四年為了避免和波斯傳來的袄教寺院相混，乃改稱「大秦寺」，同時允許設置管理寺院的僧人，又命王公大臣到大秦寺禮拜，又命宦官高力士將唐高祖、太宗、高宗、中宗、睿宗五位皇帝的畫像安置在大秦寺中。可見唐朝政府是歡迎景教來到中國的。

景教教士有修士、司鐸，唐人稱景教教士為「上德」、「大德」或「僧」。景教來華頗受佛教影響，稱上帝為佛。景教在中國活動的情形史籍記載甚少，幸而在明天啟年間於西安城外發掘出「大秦景教流行中國碑」，此一石碑立於唐德宗建中二年（七八一）正月初七日，碑文為大秦寺僧景淨撰寫，此碑所刻不是《聖經》，是景教流傳中國之源起，但文句古雅，實質內涵則很空洞，語焉不詳。

唐武宗會昌五年（八四五），政府下詔毀佛教，隨後也禁止其他宗教，只專崇道教，景教也在被禁之列，寺院被毀，景教在中國根基未深，信徒很少，經此打擊，遂無法在中國流傳，景教進入中國兩百多年，便告中止，不過民間仍有極少數信景教的人。

元代，基督教隨著蒙古大軍進入中國，稱為也里可溫教。其實蒙古人早期多信奉景教，成吉思汗的子孫中很多是信景教的，所以元朝統一中國後，許多地方又恢復了景教教堂，馬可波羅在元世祖忽必烈時來到中國，在中國住了十七年，被元朝政府授予官職，所以他遊歷過中國各地，在《馬可波羅遊記》中說當時在蒙古、甘肅、河北、山西、雲南、福建、浙江、江蘇等地方都有景教教堂和教徒。將基督教直接傳入中國的是孟德高維諾（Giovanni da Montecorvino）。孟德高維諾是方濟各會教士，一二八九年奉教宗尼古拉四世之命，經由波斯、印度來到中國，一二九三年到達泉州，一二九四年到大都（今北京），晉見元成宗，元成宗准許孟德高維諾在中國傳教，一二九八年在北京第一座天主教教堂建立了，一三〇七年羅馬教宗下令特設北京主教區，任命孟德高維諾為總主教，下面還有主教、司鐸等，在元朝政府保護下，全國各地紛紛建立天主教堂，基督教遂漸漸壯大起來。

當時基督教在華發展遇到最大的敵人不是漢人，也不是佛教徒，而是景教徒；景教徒人數不多，但由於都敬拜上帝和耶穌，景教被基督教視為異端，所以雙方發生強烈衝突，不過這兩教的衝突在整個大中國的領域中只是一點小火花。

一三二八年孟德高維諾逝世，享年八十歲，他的繼任者熱情不高，所以基督教在中國未有很大的發展。元代基督教的發展有一個大缺點，那便是專注對蒙古人和色目人傳教，以致漢人信徒很少。一三六八年元朝滅亡，基督教失去了庇護，而明朝是漢人政權，仇視蒙古，漢人把基督教看成是蒙古人的宗教，當然有排斥心理，於是在大明王朝建立以後，天主教便退出了中國。

基督教第三次進入中國要到明朝中葉，明神宗萬曆十年（一五八二）義大利傳教士利瑪竇（Matteo Ricci）神父來到中國，利瑪竇博學多聞，對於天文、數學、物理等科學知識頗為豐富，為人謙和好學，到澳門登陸，努力學習中文漢語，瞭解中國文化習俗，幾年後，到京城北京。利瑪竇入境隨俗，換穿中國士人的衣服妝飾，結交了一些做官的士大夫，並且晉見了明神宗，向皇帝進貢了一批禮物，禮物中有兩個掛鐘，是中國人未曾見過的東西，美觀又具實用價值，明神宗擔心如果掛鐘壞了，中國沒有人會修，於是為了維修掛鐘，下令特許利瑪竇留住北京。

利瑪竇在北京和朝廷官員們交往，由於利瑪竇能操流利的中國話，能讀中文書籍，又懂中國上層社會的禮儀習俗，所以當時中央官員和士人很多成為利瑪竇的好朋友，其中徐光啟和李之藻都全家受洗成為基督徒，朝廷的執政大臣如葉向高、馮慕岡、曹于汴等都是利瑪竇的好友。由於得到皇帝和大臣們的支持，利瑪竇所屬的耶穌會派了許多歐洲傳教士來到中國，在中國各地展開宣教工作，教堂和教友日漸增多。一六一〇年五月利瑪竇在北京去世，享年五十七歲。皇帝特賜一塊墓地，與利瑪竇有交往的官民都參加葬禮。利瑪竇死後，龍華民、熊三拔、龐迪我等繼續在中國傳教，並且擔任欽天監的官職。

利瑪竇死後六年發生了南京教案，南京有仇教官員上奏章請求禁止基督教，朝廷乃下令禁教，命西洋教士回國，許多中國教友被捕入獄，到一六二四年教案平息，西洋教士再度進入中國傳教，西洋教士仍任職於欽天監，負責修定曆法工作。

這種情勢維持到清初康熙時期，天主教來華教士除耶穌會外，道明會、方濟會教士陸續來華，許多教士對利瑪竇的成就又羨慕又妒嫉，於是加以挑戰，利瑪竇主張「力效華風」，就是要尊重中國的傳統習俗，方濟會和道明會教士加以反對，尤其反對祭孔祭祖，於是多次報告羅馬教廷，教廷多次開會討論，一六四五年九月十二日教宗依諾森十世（Innocent X）下令禁止天主教徒參加祭祖祀孔的禮儀。一七一五年三月十九日教宗格來孟十一世（Clement XI）發布命令，嚴格禁止教徒祭孔祭祖，不許入祠堂。

教廷的命令立刻引起清聖祖康熙皇帝震怒，下令教士如不依照利瑪竇成規，一律驅逐出境。

其實「禮儀之爭」不是中國人排斥天主教，而是教士內部鬥爭引起的問題，破壞了從利瑪竇以來建立起的和諧關係。

在康熙晚年，幾位皇子互相較量，各自結黨，爭取皇位，最後由康熙的第四子獲得皇位，是為雍正皇帝，在諸皇子鬥爭時，有教士竟然也加入鬥爭中，只是教士支持的人失敗了，雍正二年，朝廷下令全國西洋教士只許留在廣州，不許在國內傳教，西方教士只有十幾個人因有學識和天文專長可以留在北京。從此天主教傳教事業又告中止。

到清宣宗發生中英鴉片戰爭，中國戰敗，道光二十二年簽訂南京條約，開放廣州、廈門、福州、寧波、上海等五個商港自由通商。從此以後，中國對外簽訂了許多不平等條約，在這些條約中，西方傳教士取得在華自由傳教和擁有房產的權利。在西方列強中，法國是保護天主教最有力的國家，西方教士無不受法國的保護。

道光三十年十二月（一八五一年一月）太平天國亂事開始，到同治三年（一八六四）結束，雖然太平天國首領洪秀全打出拜上帝會的名號，實際上並非真正的基督教。清朝從咸豐年間開始到光緒末年的四十多年間是教案發生最多的時期，根據陳銀崑的統計，從咸豐十年（一八六〇）到光緒二十五年（一八九九）四十年間教案的發生多達八百一十一件，大致說來，教案發生地點遍及全國各省，以四川、河北、山東、廣東、江西、江蘇、湖北、福建等省最多，所謂教案是指百姓和教徒或教士發生衝突的案件，衝突的原因五花八門，有因為拆毀教堂或教徒房屋引起，有因租屋或買賣房屋而引起，有因教士拆毀平民房舍而引起，有因教徒不肯分攤傳統迎神賽會經費而引起，有因教徒家庭內部信仰紛爭而引起，有因教徒破壞傳統神廟或祠堂而引起，有因百姓誤解天主教育嬰堂而引起，有因百姓揣測教士與婦女有不正當關係而引起，有因謠傳天主教徒造反，導致百姓紛紛逃離家園而引起，有因謠傳中央政府將要殺盡洋人遂引起百姓起而搶掠教徒財產，有因教士未獲准即闖入監獄要求官吏釋放被囚禁的教徒而引起官民與教士的衝突，有因教徒向百姓勒索錢財而引起，有因教徒中不肖分子強行霸道和違法亂紀而引起，有因官吏的貪汙腐敗竟誘引百姓反教而引起。總之，教案發生的原因形形色色，在教案中有時教士、教徒和百姓各有死傷，各有財產損失。

以上所說教案多為官民與天主教之間的事件而言，基督教新教傳入中國較晚，從新教傳入中國後，為區別起見，乃稱隸屬羅馬教廷者為天主教，稱脫離教廷各自獨立的新教為基督教。第一位來到中國的基督教傳道人是馬禮遜（Robert Morrison），受英國倫敦傳道會差派於一八〇七年（嘉慶十二年）九月到達澳門，再進入廣東內地進行傳教工作，到一八一四年七月才有第一位受洗的新教基督徒，馬禮遜來華主要的貢獻在翻譯《聖經》，一八三四年馬禮遜在廣東逝世。接續而來的基督教宣教士很多，著名的有戴德生（Hudson Taylor）、李提摩太（Timothy Richard）等等，再者隨著浸禮會而來的有長老會、衛理公會、聖書公會、浸信會、基督復臨安息日會、美以美會、美國公理會、美國歸正教會、貴格會、信義會等等。基督教新教派系眾多，各自獨立，力量分散，財力也不及天主教雄厚，所以在清末發展有限，在教案中，和中國官民發生衝突較少。

清末教案中最嚴重的教案是義和團事件，義和團本名義和拳，是白蓮教下的一支，原是清政府查禁的祕密會社，他們仇視洋人，光緒二十三年（一八九七）白蓮教支派的大刀會在山東鉅野縣殺死二名德國教士，德國遂藉機強占膠州灣，並在山東取得許多權益，這使得山東百姓對外國人益加不滿，百姓稱洋人為鬼子，稱信教者為二鬼子，也有稱洋人為大毛子，稱信教者為二毛子，通洋語、用洋貨者為三毛子、四毛子，排外風氣益加強烈。清山東巡撫毓賢是極為守舊仇洋之人，認為義和拳民拳術高超，又有神明附身，刀槍不入，便召募拳民，組成義和團，於是「拳匪」搖身一變成了「義民」，義和團在山東便公然焚毀教堂、搶劫教士教民。一八九九年冬有英國教士在山東泰安被殺，英國向清廷提告，毓賢被撤職，袁世凱接任山東巡撫，袁世凱採取壓制義和團，懲治凶手。毓賢被免職後，極力遊說北京的大臣，大臣中的太后黨剛毅等慫恿慈禧太后重用義和團以抗洋人。光緒二十六年義和團奉召進入北京，德國公使和日本使館書記被義和團殺害，義和團在北京燒毀教堂和外國人開的藥房，且不允許救火，以致附近被燒毀的中國民房不計其數。光緒二十六年五月二十五日，慈禧太后竟下令向各國宣戰，此舉立刻給予義和團大大激勵，不但在北京城內，連山西、直隸、東北、內蒙等地都起而攻擊洋人。當時英、法、德、美、俄、日、義、奧等國都有軍隊在中國，立刻組成八國聯軍，於七月二十一日攻入北京，慈禧太后帶著光緒帝慌慌張張離京逃往西安。八國聯軍全無紀律，在北京進入皇宮搶劫，對百姓任意殺戮姦淫，搶劫焚燒，使北京成為恐怖之城。而後清廷被迫簽訂辛丑和約，中國須付出鉅額賠款。

義和團事件對宣教工作打擊很大，據統計被殺害的基督教新教宣教士有一百八十八人，教友有五千人，天主教主教五人，教士四十八人，教友一萬八千人，合計受難的教士和教徒達兩萬三千多人，真是一次浩劫。

從義和團事件以後，教案大大減少，宣教工作漸漸恢復。

綜觀從唐代以來，基督教傳入中國是一波三折，極不順利，導致中國人信奉基督教的人數不多。

二、祭祖問題

中國人不容易信基督教的另一個基本而普遍的原因是祭祖問題，我常聽到尚未信基督的人問一句話：「基督教反對祭祖，那是連祖宗都不要了，將來我死了以後，子孫都不來祭拜我，我豈不變成孤魂野鬼了！」的確，祭祖對中國人來說是一個根深柢固的觀念和習俗，違反了這個習俗，中國人是很難接受的。

中國從商朝開始就有祭祖的習俗，祭祖的原因不是由於孝道，而是怕鬼。商朝是個迷信的社會，人們認為萬物都有神，山川日月有神，連桌子板凳都有神，人死後會變為鬼，鬼常會回到生前的地方活動，干擾活人，當時稱為祖先作祟，無論是活人生了病或小孩子摔了跤，都認為是祖先在暗中作弄活著的子孫，為了請祖先不要害活人，於是就勤於祭祖，所以最早的祭祖不是因著孝道。到了周朝，周公制禮作樂，人文氣息加重，開始有了全家族供奉祖先的地方，這地方在周天子稱為太廟或宗廟，在老百姓稱為祠堂或祖廟，是放置歷代祖先牌位的房子。牌位上寫明姓名、生卒年月日，如果做官，還要寫上官職爵位，牌位按家族輩分排列，活著的子孫要按時來行禮，在《中庸》裡記載了祭祖儀式，祠堂裡並沒有神像，所以祭祖不是拜神拜鬼，是對祖先的追思懷念。

明朝萬曆十年（一五八二）耶穌會教士利瑪竇來到中國，學習中文華語，讀中國經書，瞭解中國文化習俗，入境隨俗，穿起儒生的服飾，和士大夫結交朋友，萬曆皇帝允許利瑪竇留居北京，進而許多耶穌會教士也進入北京和中國各地。由於之後的耶穌會教士皆遵守利瑪竇遺規，尊重中國文化習俗，和善謙恭，加上他們多有才學，尤其擅長於天文曆算之學，所以從萬曆以後，明朝皇帝和大臣們對耶穌會教士都十分尊重和禮遇。像中央政府的欽天監是掌管天文的機構，耶穌會教士中精通天文的教士都被朝廷請到欽天監工作，授予官職。利瑪竇和教士們都會將天主教教義和中國儒家「事天」之說並論，以證明基督信仰並不違反儒家思想。

一件不幸的事是萬曆四十四年（一六一六）發生了南京教案，南京禮部侍郎沈淮上奏章請滅天主教，使很多傳教士和教徒被拘捕審訊，遭受毒打，充軍邊疆。奏章要求滅教的理由之一是教士教人不祀祖宗，破壞倫常。於是朝廷下令禁教，命令西洋教士回國。當時徐光啟上書朝廷辯駁禁教之事，此事件才未再擴大，耶穌會教士仍能留中國，並仍在欽天監任職。

到了明朝末年，方濟各會教士和道明會教士相繼來華，他們看到耶穌會教士在中國的成就，既羨慕又嫉妒，於是找理由來攻擊利瑪竇和耶穌會教士，遂引起了祭祖禮儀之爭。這場禮儀之爭影響深遠，阻斷了基督教在中國傳佈的道路，但這場禮儀之爭不是中國人挑起的，也不是中國人在反對基督教，而是教會內部的鬥爭引發的。

利瑪竇深切瞭解中國文化，他知道中國人的禮儀習俗和歐洲人不同，譬如歐洲人只對神跪拜，中國人不但跪拜神，對皇帝、長官、父母、長輩都行跪拜，所以在中國人來說，跪拜是一種常用的禮節。由於對中國習俗的瞭解，利瑪竇對中國人的祭祖禮儀也就沒有十分排斥，他知道中國人對祖先牌位磕頭並不是拜偶像，而是表示對祖先的尊敬。但是方濟各會和道明會的教士們卻堅持對祖先牌位跪拜和燒香是屬於拜偶像的行為，是不能接受的。一六四三年道明會教士黎玉範（Juan Morales）從中國回羅馬，向教廷請示關於祭祖問題如何解決，一六四五年九月十二日教宗依諾森十世下令禁止天主教徒參加祭祖儀式。

依諾森十世的命令引起在華耶穌會教士們的不安，立刻派衛匡國（Martinus）趕赴羅馬，提出對禮儀問題的答辯，一六五六年三月二十三日教宗亞力山大七世（Alexander VII）頒發命令准許信徒可以參加祭祖禮儀，但這次命令沒有提到一六四五年依諾森十世的禁止令，所以造成在中國的教士和教徒們不知該遵守哪一個命令，於是各行其是，反而造成混亂。

一六九三年三月二十六日法國巴黎外方傳教會教士顏璫（Carolus Maigrot M.E.P）

擔任福建教區主教，在福建頒布了一份牧函，通令其所管轄的福建教區內所有信徒應一體遵行，牧函中宣布：教宗亞力山大七世於一六五六年頒布有關禮儀案的命令，信徒們不能享用。中國信徒要廢除為亡者所立的牌位，如果一定要保留牌位，則須除掉牌位上的「神」或「靈」字；禁止信徒參加正式的祭祖典禮。

教宗格來孟十一世（Clement XI）在位時曾多次召開樞機主教會議，討論禮儀問題，並命來華各修會提出意見。教宗於一七一五年三月十九日發布名為「自登基之日」的通諭，該通諭明白指示：凡天主教徒不許入祠堂行任何禮，並且在家中或墳上或逢弔喪之事，都不可行禮，並且不許留牌位在家，如果要留，牌位上只許寫亡者名字。這個諭令明白表示教廷嚴禁祭祖禮儀。

教廷派主教多羅（Msgr. Carlo Tommaso Maillard de Tournon）為特使前來中國，覲見康熙皇帝，康熙對多羅說，中國古來敬拜的天和基督教的神是相同，中國拜孔祀祖與基督教教義並無衝突，基督教的《聖經》且可與中國經書相通。多羅對中國文化並無所知，完全不能答話，只說要引見一位中國通的主教，就是福建教區主教顏璫。

康熙在熱河行宮接見顏璫，顏璫只會講福建方言，不會官話，覲見時由耶穌會教士充當翻譯，康熙當面測試這位號稱「中國通主教」的顏璫的中文能力，便問顏璫在御座後面牆上有四個字是什麼，顏璫回答只認識一個字，康熙在接見顏璫後第三天寫了字條給特使多羅說，顏璫既不識字，又不通中國言語，對話須用翻譯，這種人竟敢談中國經書之道，像站在門外，從未進屋之人，居然討論屋中之事，說話沒有一點根據。

多羅始終不敢對康熙表達教廷反對祭祖禮儀的態度，便離開北京，來到南京，向在華天主教士發表一封公函，宣布羅馬教廷已經禁止祭孔祭祖，教士如敢抗命不遵守者，當處以破門罪，即開除教籍。

康熙聽到多羅發布公函的事大為震怒，認為教宗無權干涉中國事務，下令驅逐顏璫出境，並通令在華的傳教士均應向朝廷領取居留證，並聲明遵行利瑪竇成規，違者驅逐出境。

一七一九年九月教宗格來孟十一世任命主教嘉樂（Carlo）為特使再度來華，談禮儀問題。一七二〇年十二月嘉樂到達北京，請求康熙帝允許傳教士在華自由遵守教廷的禮儀禁令，十二月二十六日康熙帝傳旨說：「爾教王（指教宗）條約（即禁止的命令）與中國道理大相悖戾，爾天主教在中國行不得，務必禁止。教既不行，在中國傳教之西洋人亦屬無用，除會技藝之人留用，再年老有病不能回去之人，仍准存留，其餘在中國傳教之人，爾俱帶回西洋去。且爾教王條約只可禁止爾西洋人，中國人非爾教王所可禁止。其准留之西洋人，著依爾教王條約，自行修道，不許傳教。」

十二月二十八日康熙命人向嘉樂索取教宗的禁約全文，這禁約就是一七一五年三月十九日所頒布的「自登基之日」的通諭。康熙命人把教宗這份通諭譯成中文，康熙看了譯文後，親自寫了硃批諭旨，諭旨說：「覽此告示，只可說得西洋人等小人，如何言得中國之大理。況西洋人等，無一人通漢書者，說言議論，令人可笑者多，今見來臣告示，竟與和尚道士異端小教相同，彼此亂言者莫過如此。以後不必西洋人在中國行教，禁止可也，免得多事。」

嘉樂特使接到康熙的硃批諭旨知道事情已經決裂，為求挽回，乃將教宗的禁令私下變通，提出八項妥協條件，這八項條件是：(1)准許教友家中供奉祖宗牌位，牌位上只許寫亡者名字，兩旁加註天主教孝順父母的道理。(2)准許中國對亡人的禮節，但這些禮節應是非宗教性質的社會禮節。(3)准許非宗教性質的敬孔典禮。(4)准許在改正的牌位或亡人棺材前叩頭。(5)准許在喪禮中焚香點燭，但應聲明不從流俗迷信。(6)准許在改正的牌位前或亡人棺材前供陳果蔬，但應聲明只行社會禮節，不從流俗迷信。(7)准許新年和其他節日在改正的牌位前叩頭。(8)准許在改正的牌位前焚香點燭，在墓前供陳果蔬，但應聲明不從流俗迷信。

康熙看到嘉樂所提八條件，心中稍安，但並沒有撤銷禁教命令。其實康熙並不仇視基督教，對教士們也很和善，譬如康熙十九年，康熙帝親書「奉旨傳道」四字給葡萄牙籍教士李守謙（Simon Rodrigues），准許他到全國各地傳道，這在當時是無比的尊榮，等於皇帝在為天主教背書，表示李守謙到各地傳福音是皇帝的旨意，李守謙幾乎就是欽差大臣了。康熙二十七年，康熙帝任命兩位法國耶穌會士張誠（Gerbillon）和白晉（Bouvet）為御前侍講，在宮內為康熙講授幾何學、醫學、化學、測量學、解剖學等。康熙十三年，耶穌會教士南懷仁奉命製鐵鑄大小砲一百二十門，作為平定吳三桂之亂的重要武器。康熙十九年，南懷仁又鑄造輕便的歐式神威礮三百二十門，在盧溝橋試射，康熙親臨觀察，該礮威力強大又準確，康熙大喜，給予南懷仁厚賞。從歷史紀錄來看，康熙和耶穌會教士來往甚密，而且頗為信任。康熙三十一年，康熙的詔書說天主教的教理大致與中國禮教相符，教士南懷仁製造大礮，平定三藩之亂，張誠、徐日昇二教士協助清政府與俄國談判，訂立尼布楚條約，都是有功於國，可見康熙對基督教存有好感。當教廷特使嘉樂來華時，康熙用隆重禮儀接待，並且接見嘉樂十三次，又加以賜宴，康熙的用意十分明顯，即是想要和教廷維持友好關係，後來得知教宗已發布命令禁止祭祖，康熙實已忍無可忍，只好宣布禁教。

禁教的措施對基督教的宣教事業是一拳重擊，但這不是康熙主動和願意的，乃是天主教內部宗派之間互相鬥爭的結果。

雖然在道光以後，列強和中國簽訂許多不平等條約，基督教教士們又回到中國，但教廷從未批准嘉樂的八項條件，教廷仍然堅持不准祭祖，至於基督教新教也抱持相同的主張，反對祭祖。

中國傳統是重視祭祖的，祭祖問題成了中國人信仰基督教的一個關卡，中國人為保有自己的文化傳統就不容易信基督教了。想要使中國人越過這個關卡，傳道人要對外宣揚一個訊息，那就是基督教並不是教人不要祖先，基督教也提倡孝道，只是表達的方式和中國人略有差異。傳道人要剖析祭祖的核心意義是教人不要忘本，不是把祖先當神、當鬼，所以祭祖時燒香燒錢紙，供祭品等都是不必要的，傳道人要講基督教如何提倡孝道和永生的道理，讓中國人知道基督教在思想觀念上和中國傳統並沒有衝突，基督教主張在人亡故之後要有追思禮拜，而不是超渡亡魂。傳道人要強調基督教是以「紀祖」（紀念祖先）代替「祭祖」（祭祀祖先），所以基督徒可以去上墳掃墓，獻花鞠躬，追念祖先，以此消除人們對基督徒不講孝道的錯誤印象。

三、多神崇拜和偶像崇拜

在十誡中的第一誡說：「除了我以外，你不可有別的神。」基督教的一神崇拜信念是十分明確的，在《聖經・申命記》第十三章對「專靠」耶和華的事說得非常清楚而肯定，在整本《聖經》中，上帝訓示以色列人要單單事奉耶和華，不可事奉別神的字句極多，所以基督教的一神信仰是確定的。

其實人類每個民族、每個社會從原始時代開始幾乎都是多神信仰，中國人也不例外。多神信仰成為普遍性的現象，這是為什麼呢？那是由於原始時代，民智未開，對於自然界現象和周圍發生的事物往往沒有解釋的能力，於是便推到神的身上，說那是神的作為，而每一個自然界現象，每一件不可解釋的事物都有一個神在掌控，於是神就多了。譬如遠古時代的埃及人崇拜太陽神「拉」，認為「拉」有萬能的神力，祂驅走黑暗，是生命的泉源。在埃及的不同部落幾乎都有各自命名的太陽神，這表示人們對自然界的敬畏。中國人相信山有山神，河有河神，生兒育女是送子娘娘掌管，獲得財富是財神爺在操控。隨著人類生活內容的擴大，神的數目也在增加，所以多神信仰是人類心理自然發展的結果。

其實，在猶太人被擄之前，表面上猶太人是信一神的，因為十誡告訴他們只有一神，但骨子裡猶太人仍是信多神的，這或許是受了猶太人在雅各進入埃及後居住了四百多年，深受埃及多神的影響。埃及是個多神社會，據統計埃及的神多達二千個，猶太人四百多年的時間不可能不受到多神信仰的影響。雖然摩西帶領他們出埃及，在西乃山頒布十誡，確立一神信仰，上帝也行了許多神蹟讓猶太人都感受到上帝是有大能力的神，但在如此短的時間內恐怕很難消除猶太人深藏內心的多神觀念，試看〈詩篇〉第八十二篇亞薩的詩說：「神站在有權力者的會中，在諸神中行審判。」第八十六篇大衛的詩說：「主啊，諸神之中沒有可比你的，你的作為也無可比。」這都是在無意之中透露了多神觀念的痕跡，這並不是猶太人不信上帝是真神，而是說上帝是大神，超過其他諸神。此外，所羅門王的事例也是一個證明，所羅門為上帝建造聖殿，他信奉上帝耶和華是毫無疑問的事，但所羅門到了晚年卻去祭拜外邦的別神，當然所羅門並不是不認上帝為真神，只是反映所羅門潛意識裡的多神觀念。

中國人在深厚的多神信仰中，很容易接受上帝、耶穌是神，但卻不容易接受唯一真神的觀念。

其次再談偶像崇拜，中國人是拜偶像的，任何一個廟宇無不放置著許多的神像，而基督教是反對拜偶像的，在十誡中便明示：「不可為自己雕刻偶像，也不可作什麼形像，彷彿上天、下地和地底下、水中的百物，不可跪拜那些像，也不可事奉它。」要中國人不拜偶像，實在是很困難的事。

偶像是什麼？偶像是可以看得見、摸得到的具有形象的實體，人類信神，神是靈，靈是沒有形象和實體的，人們面對沒有形象和實體的神，心中是很徬徨的，沒有形象和實體的神是看不見的，祂在哪裡呢？我祈求的時候祂是不是在理會我呢？為了讓心裡有踏實感，偶像便很自然地產生了，偶像讓人們在祈求神明時不會面對一片空蕩，而是面對一個看得見的神明代表，這使祈求者內心更為踏實安定。這是人類的共同心理，在這種共同心理之下，全世界的宗教除了基督教之外幾乎無不拜偶像。

中國人的偶像崇拜極為普遍，不僅在宗教活動中要拜偶像，在日常生活中也到處有偶像。最普遍的偶像是祖先牌位，為了祖先牌位和祭祖造成羅馬教廷和清朝的決裂，造成基督教來華活動中斷，這真是小偶像大風波。

雖然十誡中明示不可拜偶像，但以色列人心中仍然盼望有個偶像，不過這個偶像不是木刻、泥塑的，而是要一個活人來當作百姓的偶像。當撒母耳做士師時，以色列百姓要求有一個王來治理他們，上帝耶和華應允，遂選立了掃羅，以色列百姓為何要一個王？翻開以色列人出埃及的歷史，在西乃山下，百姓對耶和華是極為恐懼的，他們聽不到上帝說話，也不敢接近上帝，他們完全聽從摩西的話，他們把摩西當作上帝的代表人。摩西死後，約書亞接續做了上帝的代表人，摩西和約書亞成了百姓們的偶像，他們如有祈求不是向上帝而是向摩西、約書亞，摩西、約書亞會回應他們，百姓們覺得這種方式很好。可惜，當約書亞死後，接下來是士師時代，細讀〈士師記〉，會發現士師們的品德、才幹、領導能力都有問題，這些士師怎能作為上帝的代表人？於是百姓要求有一個王，實際上是想要一個能代表上帝的偶像。

上帝告誡人們不要拜偶像，是因為怕邪靈會附在偶像上，邪靈藉偶像顯出奇事，人們會誤以為那是神在顯現。其實，偶像有時是自己心裡崇拜或依靠的對象，像小孩子會以父親做偶像，青少年會以運動明星、影劇明星為偶像，學生會以老師做偶像，這些偶像往往是驅使人類向上攀升的動力，並無不好。又有些偶像是象徵性的圖像，像旗幟、照片，雖然會受到人們的敬拜，但那些偶像沒有宗教意義，應該不必予以排斥。記得我念中學時，班上有一位同學是基督徒，我們每個星期一要到大禮堂舉辦週會，舞臺上掛著國旗和孫中山先生遺像，週會開始，司儀會喚著：「向國旗和孫中山先生遺像行三鞠躬禮。」那位基督徒同學總是不肯行禮，我們問他為什麼不行禮？他回答說：「那是偶像，我是不拜偶像的。」這位同學把偶像無限擴大，讓許多同學會以為基督徒是不愛國的。

以上談了多神崇拜和偶像崇拜這都是中國人不容易信基督教的原因，但這兩個原因並不嚴重，也不難越過障礙，在這裡我要特別提醒傳道人，不要被多神和偶像問題卡住，不要為這兩個問題和非基督徒發生直覺式的對立和衝突，不要為這兩塊小石頭擋路而阻礙了前進的步伐。

四、民族主義的波浪

基督教在唐代第一次傳入中國，元代第二次傳入，明代第三次傳入，到清朝康熙和雍正禁教，中斷了基督教在中國的傳佈，鴉片戰爭後基督教第四次傳入中國至今。前三次傳入中國，和中國人民很少發生衝突，三次中斷都是政治的原因，可是第四次傳入中國卻發生極大的波濤，基督教和中國人民發生許多的衝突，這些衝突事件成為司法案件，稱為「教案」。教案最頻繁的時間是一八六〇到一八九九年（清咸豐十年到光緒二十五年）之間，這四十年間統計教案有八百一十一件，這些教案絕大多數是中國人民和天主教的衝突。當時基督教新教進入中國時間不久，勢力很薄弱，於是衝突也就不大，當時中國人把天主教和基督教新教統稱基督教。

教案發生的原因五花八門，都是教會教士或教徒和民眾有了爭執而造成，有的是因買賣房屋土地的糾紛而起，有的是因誤會或誤解而發生，有的是因習俗而引起，不論原因為何，教案頻繁反映出中國人反教意識的強烈，而這種反教意識又和中國的民族主義興起有密切關係。

何以基督教第一、二、三次傳來中國，和中國人相安無事，第四次傳入卻波浪洶湧？主要的原因之一是出於中國人的民族主義激發。

一八四〇年（道光二十年）發生鴉片戰爭，一八四二年簽訂中英南京條約，條約規定開放五口通商，割讓香港給英國，賠償軍費給英國。這是中國被迫和外國簽訂的第一個不平等條約，其影響十分深遠，讓英國和列強體認到用船砲武力對付中國是達到侵略目的最好的方法，強迫中國簽訂不平等條約是獲得利益最快的手段，於是列強紛紛採用這種模式來對付中國，中國在被逼迫之下和列強簽訂了幾十個不平等條約，這些不平等條約除了中國要割地、賠款、租借港灣等等之外，有一項傷害中國主權很大的條款，那便是領事裁判權。領事裁判權的意思是外國人在中國犯了法，中國官署不得審判，必須交由各該國領事依各該國法律審判，這便是剝奪了中國司法權。當時列強中，法國保護天主教教士最為積極，所有外國傳教士均受法國保護，凡遇教案，法國幾乎都會介入與中國政府交涉，外國傳教士由於有領事裁判權作護身符，便氣燄高升，自尊自大，有些主教自封頭銜，比擬如巡撫、知府等官階，與中國官員平起平坐，趾高氣揚，盛氣凌人。有教民因犯罪被囚在縣衙門監獄，教士去見知縣，要求放人，知縣不允，教士便去找知府，要知府下令放人，並威脅說如不照辦，將告知法國公使，派軍艦軍隊到北京，知府怕引起紛爭，便下令放了教民，遂引起地方人民公憤。

一八六二年（同治元年）由於江西、湖南、貴州、四川等省教案不斷發生，法國公使哥士耆（Michel A. Kleczkowski）竟向清廷中央威脅要帶兵到長江各口岸辦理處分各案，以懲罰各地反教的官紳，儼然以中國「太上皇」的姿態御臨。同治五年（一八六六）法國公使伯洛內（Henri de Bellonet）因法籍主教郎懷仁（Adrien H. Languillat）與兩江總督李鴻章商談歸還南京舊教堂事久未有結果，便威脅清廷要派兵船去攔截清政府的漕運船隻，並限期清政府談妥此案，否則就要「開砲破城」，伯洛內公使又寫信給掌管外交事務的恭親王奕訢，威脅準備交戰，更威脅要滅亡清政府。為了一個舊教堂，把事態弄得如此嚴重，清政府大小官員心中的感受如何，可想而知。同治七年（一八六八）羅淑亞（Julien de Rochechouart）接任法國公使，對清廷官員的態度更加蠻橫，四川發生教案，羅淑亞照會總理衙門，要求將范若瑟主教指名參與教案之人驅離四川，給予教堂和教民賠償，將四川總督吳棠押到北京審問，並對總理衙門官員威脅，如清廷不照辦，將由法國水師提督處理，這等於是以武力要脅。同治八年（一八六九）貴州發生教案，羅淑亞竟自行率兵船六艘從上海溯長江而上直達漢口，要求清廷限期三天要撤換貴州巡撫曾璧光，態度十分跋扈。李鴻章說：「天主教專屬法國，羅淑亞處心積慮，偏護教友，不可理喻，不可情感。」李鴻章是外交老手，所言應是不虛。

法國政府的袒護教會，讓不肖的外籍教士在中國各地橫行無忌，許多教士漠視中國傳統習俗文化，蔑視中國的法律和官吏的權威。許多教士在教民和百姓發生衝突時，不論事情的是非曲直，完全袒護教民，甚至到官府壓迫官吏做有利教民的判決，或者請法國公使協助。貴州主教任國桂（Lenard Vielonon）就曾以公函向北京總理衙門保薦貴州省的官員，令中國人側目。在法國政府的袒護和外籍教士的囂張行為之下，造成各地教民的橫行霸道，當時士人和鄉紳幾乎沒有人信教，信教者幾乎都是罪犯、無賴、窮人，素質極差，所以教民沒有社會地位，被百姓所輕視，教民沒有受過良好教育，缺乏中國社會的禮法觀念，又看到外籍教士威風八面，官吏也畏懼，於是狐假虎威，為非作歹，許多教案都是由於不肖教友的惡行而引起的。成都將軍崇實處理過多次教案，人稱公允，外國人也信服，崇實分析教案發生的原因多歸咎於教民，崇實指出在中國簽訂條約以前，百姓和教友甚少衝突，條約簽訂以後外國人取得特權，教會聲勢日增，教友受教會庇護，為非作歹，又挑唆外籍教士出面干涉，以逃避刑責，又可挾怨報仇，所以教案不斷發生。不良的教民實是一項主要原因，加上官府在審理教案時，畏懼外國勢力，不敢公正執法，讓犯法的教友更加無所忌憚，同時也招致百姓對基督教更大的反感。同治九年（一八七〇）江西皖九道台——景福照會英國駐九江領事說：「所見奉教者安分無過，能有幾人？」又說：「一入教中，即成化外，官府且無可如何，鄉黨親戚更無忌憚。」同治十年（一八七一）恭親王奕訢和軍機大臣文祥等照會各國駐華使臣說：「入教者倚勢欺人，於是不服之心固結而不可解，迨民教相爭，釀成案件，地方官理當查辦，而教士又出而庇護之，教民藉此藐視官長，民心更為不服。」接著恭親王提出幾點解決教案辦法，可惜各國使節對解決教案一事毫無興趣，教案遂繼續發生。

清朝末年，政府中重要官員如曾國藩、左宗棠、李鴻章、郭嵩燾等號稱開明之士均反對基督教，他們反教的原因是以為此乃關係到中國的存亡，曾任中國駐英公使的郭嵩燾認為西洋各國侵華是以通商、傳教和武力三種手段交替使用，當時中國仕紳幾乎都認同郭嵩燾的看法。英國人進入印度，便是以通商、傳教、武力三種手段交互運用，終於滅亡了印度。所以中國人的反教和民族自救的浪潮是融合在一起的。

一八五〇年（道光三十年）洪秀全領導的太平軍起事，建號太平天國，太平天國最初稱拜上帝會，自認是基督教，實際上並非純正的基督教，而是將一些中國傳統想法加進去，再加上洪秀全個人的想法，將原有的基督教扭曲，舉例說明：(1)上帝是天父，洪秀全以天父的次子自居，稱耶穌為天兄。既有「天父」，必有「天媽」。又根據中國傳統觀念：「不孝有三，無後為大」，耶穌沒有兒子，不能讓耶穌背上不孝之名，洪秀全乃將自己的兒子過繼給耶穌，作為耶穌的兒子。(2)洪秀全說上帝降臨託附在東王楊秀清身上，代替上帝傳話給世人，洪秀全又說基督耶穌降臨託附在西王蕭朝貴身上，這些都像是中國人本土的迷信說法，好像是神棍的行徑。(3)太平天國沿用中國傳統的祭祀禮儀，譬如祭祀上帝要供奉三牲（牛、羊、豬），仿中國人的習俗設置祭壇，壇上供奉清茶等。(4)改變基督教的洗禮儀式，自創新法，用清水洗胸，表示洗心革面的意思。

當太平天國初起之時，外國教士們都抱著熱切盼望的心，希望中國能變成基督教國家，如著名的新教傳教士兼漢學家理雅各（James Legge）、丁韙良（W. A. P. Martin）、英國聖公會香港會督史美士（Rev. George Smith）等都是太平天國的強力支持者。

太平天國也印製《聖經》，且加以註釋，不過洪秀全對《聖經》誤解甚多，譬如以色列人始祖亞伯拉罕，洪秀全說有亞伯名叫拉罕，又說麥基洗德便是他的前身，又替耶穌找了一個妻子，稱為「天嫂」，又不承認三位一體中的聖靈是神，認為聖靈只是神的使者，稱之為「聖神風」，那就是東王楊秀清。又說只有上帝是帝，別人不可稱帝，所以洪秀全自己不稱帝而稱天王，古代皇帝一概取消帝號，改稱侯，漢武帝改稱漢武侯，唐太宗改稱唐太侯。

一八六四年（同治三年）太平天國敗亡，洪秀全自殺。太平天國打著基督教旗號，卻在中國人心中種下反基督教的心結，當時的中國人，尤其是士人階級對太平天國產生兩個印象：（一）太平天國到處打倒偶像，毀壞廟宇，連孔廟也不放過，又焚燒文物，竄改古籍，可見基督教是反中國文化的。（二）太平天國的組織和行為很像幫派會黨，可見基督教也類似白蓮教。當然這印象是錯誤的，可這錯誤印象是由太平天國造成的。

一九〇〇年（光緒二十六年）義和團事件引發八國聯軍攻入北京，聯軍完全沒有軍紀，在北京到處殺人、搶劫、縱火、強姦婦女，簡直像一群野獸。中國歷來戰爭不少，戰爭中殺人、放火、搶劫乃是常見之事，但絕無公開強姦婦女之事，聯軍則任意強姦婦女，聯軍進入尚書崇綺的家，把女眷全部押解到天壇，強迫脫光衣服，加以公開集體輪姦，天壇是中國人祭天的神聖場地，竟成聯軍集體輪姦婦女的血腥之地，令中國人怎能不悲憤。聯軍甚至闖入教會的女學童宿舍，強姦女學生，在場教士親眼目睹，亦無可奈何。北京城內外死屍遍地，到處鮮血，悽慘無比。

八國聯軍迫使中國簽訂了辛丑和約，中國要付出天文數字的賠款，在中國人民心裡留下不可磨滅的創傷。中國人心裡會想：聯軍中除了日本，都是基督教國家，這些軍人都是基督徒，他們全然沒有神父、牧師們口中所講的基督徒應有的特質——博愛、仁慈，可見神父、牧師是講給中國人聽，要中國人當順服的綿羊，列強卻當屠夫，這種基督教怎能讓中國人信服？

八國聯軍之後，教案大幅減少，這不是中國人反教思想消退，而是中國百姓知道清廷官吏無力對抗洋人，只好收斂反教的行動，暗暗藏在心中。

一九一二年滿清帝國滅亡，中國新政府成立，但國內政局混亂，軍閥割據，列強加快侵華腳步，不平等條約仍綑綁著中國，這時中國知識分子最關心的是國家危亡問題，強烈譴責帝國主義，隨之反基督教聲浪高漲。從一九二二年開始全國各地和各大學反基督教團體紛紛出現，而且發表宣言。一九二四年，在一個〈非基督教同盟宣言〉中說：「（資本帝國主義者）用它（基督教）麻醉被征服的殖民地、半殖民地之民眾，使其相信他們的兵艦軍隊是為了贈送上帝的福音而來，是為了贈送教育和一切文化而來，不是為了搶劫金錢而來，使被征服的民眾對他們永遠感恩戴德，不思反抗。」宣言中最讓人難忘的一句話是：「神父牧師頭裡走，軍艦兵隊後面跟。」這句話在宣示基督教是帝國主義的馬前卒。

其實，二十世紀初期的反基督教運動只是愛國主義的情緒反應，並非理性的討論與反思，這種反應是受帝國主義侵略的副產品，作為一個中國傳道人要去體會那些反基督教者民族思想情緒症候群，給予他們同情和安慰，並且更要運用智慧和胸襟來化解這種反教的情緒，消除中國人不願意信基督教的心理。

五、文化的問題

（一）神本與人本

中國人不容易信基督教尚有一個重要的原因，那就是中國文化中若干部分和基督教教義有相互衝突的地方，這裡只是說若干部分，不是中國文化全部都和基督教不合，其實中國文化的基本精神和基督教教義是相合的，只是有一部分是不合的，而這不合的部分卻又很敏感，聽起來有些刺耳，但作為中國傳道人是必須面對的，希望大家能靜下心來想一想。

首先是人本思想和神本思想的問題。中國文化以儒家為主流，儒家是著重人本思想的文化，孔子、孟子、荀子都主張以人為本，人是社會的主體，人的幸福和利益是人類共同追求的目標，儒家不是宗教，所以孔子要「敬鬼神而遠之」。雖然中國人至少在商朝時已有神鬼的觀念，但中國人並不信神，不過中國人信天；到了東漢時期，本土的道教出現，印度的佛教也傳入中國，中國人才開始信神，然而中國人對神的態度是消極的，神和人是分離的。

基督教則主張神本思想，認為人只是被造物，神是造物者，被造者豈可與創造者抗衡，所以神是主，人是從，人要絕對順服神，人可以向神祈求，但神不一定要聽從人的祈求，神可以管人，人不可以管神；神的主權是絕對的，人是為神而活，所以牧師們常歡喜講，把自己當作活祭來獻給神，人的價值是因神而存在，所以一切榮耀要歸與神。

從表面上看來，基督教太忽視人的價值和存在，這是中國人很難接受的，可是如果在深層去思考，基督教的神本思想真的忽略了人的價值和存在嗎？神本思想和人本思想是對立的嗎？作為一個中國傳道人，應該多多思考這個問題，解答了這個問題，中國的知識分子會比較容易舉步踏入基督信仰的大門。

（二）戰爭與侵略

中國文化是崇尚和平的，孔孟思想都主張德治，對內以道德治理人民，對外以王道對待鄰國，墨子更主張「非攻」，反對一切戰爭。中國人受儒家和墨家的影響，對鄰國一直採取和平共存、文化交流的關係。當然，中國國內會有戰爭，那都是政治腐敗而引起的，這些戰爭規模不大，殺人不多，有政治眼光的領袖都會告誡手下將領不可濫殺；在楚漢相爭時，項羽把秦國的降卒二十餘萬人全部坑殺，於是大失民心，最後項羽失敗；劉邦對投降者都加以安撫，最後獲得成功。從歷史上看，中國除蒙古建立的元朝外，很少主動發起對外侵略戰爭，漢代有較多的對外戰爭，但都是出於雪恥和復仇，而且漢朝軍隊縱使戰勝，對待敵人並不凶狠殘酷，使許多外族主動願意歸化漢朝。唐朝初年雖然國勢強盛，但很少對外族有大規模戰爭，唐太宗被外族稱為「天可汗」，不是因為唐太宗以武力征服他們，唐太宗是用文化和經濟的力量使外族順服。中國人對外雖有戰爭，但中國人絕對不會將敵人趕盡殺絕，不會要把敵人滅種。

基督教也講博愛、和平，耶穌教人要愛仇敵，〈馬太福音〉第五章三十八至四十四節記載耶穌的話說：「你們聽見有話說，『以眼還眼，以牙還牙。』只是我告訴你們，不要與惡人作對，有人打你的右臉，連左臉也轉過來由他打。有人想要告你，要拿你的裡衣，連外衣也由他拿去。有人強逼你走一里路，你就同他走二里。有求你的，就給他，有向你借貸的，不可推辭。你們聽見有話說：『當愛你的鄰舍，恨你的仇敵。』只是我告訴你們，要愛你們的仇敵，為那逼迫你們的禱告。」耶穌的愛仇敵就是博愛的表現。耶穌最後一個夜晚，和門徒在客西馬尼園禱告，大祭司派了一批人馬來捉拿耶穌，〈馬太福音〉第二十六章五十一到五十二節記載說：「有跟隨耶穌的一個人伸手拔出刀來，將大祭司的僕人砍了一刀，削掉了他一個耳朵，耶穌對他說：『收刀入鞘吧，凡動刀的必死在刀下。』」耶穌說的「凡動刀的必死在刀下」，就是反對用武力解決問題，因為動用武力必自食惡果。

在耶穌的教訓下，基督徒是主張博愛、和平的。

然而，翻開《舊約聖經》，上帝對仇敵卻是另一種態度，例如上帝命埃及法老釋放以色列人離開埃及，法老不允，上帝便降災來打擊法老，最後一災竟是使埃及地的長子都死亡，造成埃及境內每一家都在痛哭。又如以色列人在進入迦南地之前，上帝指示要將赫人、革迦撒人、亞摩利人、迦南人、比利洗人、希未人、耶布斯人都要滅絕淨盡，這像上帝在策劃一場大屠殺。這和耶穌所說的「要愛你們的仇敵」豈不矛盾？該如何解釋呢？

打開人類的歷史，看看基督教是否真的講博愛，是否做到「愛你們的仇敵」。從四世紀開始，基督教成為羅馬帝國的國教，整個歐洲都籠罩在基督教勢力範圍之內，到了中古時期，羅馬教宗的權勢超越歐洲各國國王和貴族之上，歐洲人無不聽命於羅馬教宗，因為歐洲人幾乎全是基督徒。

西元六二二年穆罕默德創立了伊斯蘭教，中國人稱之為回教，信徒們被稱為穆斯林。穆斯林的勢力發展極為迅速，從阿拉伯半島沿地中海周圍前進，穿過巴勒斯坦到達君士坦丁堡，再從北非到西班牙，都是穆斯林所統治，這些土地上的人民大多信奉了伊斯蘭教，成為穆斯林。當時地處中東的耶路撒冷也在穆斯林統治之下，羅馬教宗烏爾班聽到前往耶路撒冷朝聖的基督徒訴說，耶路撒冷在穆斯林統治下的悽慘情形，便發表了一篇演說，鼓勵歐洲各地的基督徒集合起來，一同到耶路撒冷朝聖，打敗穆斯林，奪回耶路撒冷。在教宗的鼓吹之下，整個歐洲陷入朝聖和奪回耶路撒冷的狂熱浪潮中，而參加行列隊伍的人在衣服上都佩著紅十字的徽章，所以被稱為十字軍，於是展開了十字軍東征。參加十字軍的人員都是自願的，所以成分非常複雜，有國王、貴族、商人、工人、軍人、教士、平民、流氓、奴隸，這些成員真是良莠不齊，有品德高尚、真心信仰基督者，有想擴張自己領地的，也有想要乘火打劫、在戰亂中淘金撈寶者，他們沒有受過正規軍事訓練，也沒有嚴密的組織，他們蜂擁向前，高呼著「前進！基督教的戰士們」！目標是耶路撒冷，但大多數的人都不知道耶路撒冷在哪裡，距離法國有多遠，十字軍東征大約歷經了二百年之久。第一次東征是一〇九六年出發，先頭部隊在小亞細亞和穆斯林軍隊相遇，十字軍慘敗，幾乎全軍覆沒，不過後面的十字軍接續而來，終於攻入了耶路撒冷，戰爭十分慘烈，聖城裡屍體遍地，血流成河。基督徒在耶路撒冷和土耳其、巴勒斯坦建立了幾個小王國，但不久就被穆斯林消滅了。從一〇九六年到一二九一年一波一波的十字軍湧向東方，戰爭的代價是無數的基督徒和穆斯林死亡。在十字軍東征的紀錄中有一次是兒童十字軍，一二一二年在法國由一個十二歲名叫司提反的男孩發起，有好幾千個十歲以下的孩子響應參加，他們對耶路撒冷一無所知，他們沒有大人指引和照顧，就踏上征途，他們相信上帝會像帶以色列人出埃及過紅海一樣，帶他們渡過地中海到耶路撒冷去。我們很奇怪這些孩子的父母怎麼捨得讓兒子去走渺茫的路程？唯一能解釋的理由大概就只有對宗教的狂熱而已，讓兒子參加十字軍就是把兒子奉獻給上帝。這些兒童十字軍來到法國南方地中海邊，有一群商人和水手在岸邊對司提反說，他們願意把全部兒童十字軍免費載運到耶路撒冷去，他們這樣做是出於對上帝的愛。司提反和兒童們喜出望外，認為是上帝派來天使接引他們，於是全都上了船。不料商人和水手竟把這批兒童運到穆斯林的地盤，把這些孩子全賣給穆斯林做奴隸。

十一、十二世紀的歐洲有三大熱潮：宗教、戰爭、貪慾，十字軍東征是這三種熱潮結合之下的產物，打著宗教的旗號，進行擴張領土的戰爭，獲取財富和榮耀，滿足貪婪之心。許多歷史學家都認為十字軍東征是以政治、社會和經濟為目的的戰爭，是侵略性的戰爭，宗教只是搖旗吶喊者。

中國人讀了十字軍歷史後會有什麼感想？原來基督教是政治的工具，為上帝可以發動戰爭，這樣的宗教對崇尚和平的中國人來說，實在很難信服。難怪從清代以來，中國知識分子會把基督教視為帝國主義對外侵略時使用的一種工具。

（三）國情的差異

《聖經》是猶太人的作品，所敘述的人與事都和古代以色列背景有關，表現出來的價值觀念和中國人的傳統可能有些差異，這些差異讓中國人產生疑惑，造成不容易信基督教的原因。舉幾個例子說明如下：

1. 弟兄姊妹稱呼：基督徒把凡信耶穌的人都稱為弟兄姊妹，表示相親相愛，可是這對重視倫理輩分的中國人來說是不容易接受的，父母和兒女都信了基督教，父母和兒女變成了兄弟姊妹，那是打破倫理的規範，所以清朝人便以此為反教的理由。

2. 基督教主張以教領政，舊約如此，到四世紀以後，羅馬教宗轄治歐洲所有的國王和貴族，中國歷史上從未發生過以教領政的事，反而宗教是受政治所管轄的，所以清朝末年，外國教士壓制中國官員，中國人是不能接受的。

3. 基督教反對祭孔，清代士人更無法接受，所以他們幾乎沒有信基督教的，二十世紀以後知識界也極少有基督徒，把反對祭孔看成反對孔子，許多堅守中國文化的知識分子便不肯進入基督教之門。

4. 基督教中若干人物不容易獲得中國人認同，例如路得的故事，路得黑夜裡鑽到一個陌生男人被窩裡睡覺，在中國人看來路得不是一個貞節女子，《聖經》卻誇獎路得，中國人在貞節觀念影響下，實在不能認同。

總之，每個社會受到自己文化的影響會產生自己的價值觀念，基督教進入中國不容易被中國人接受，主要的原因之一即是價值觀念的衝突，這是文化的問題，作為一個中國傳道人一定要思考如何解決文化的問題，解決了文化的難題，中國人才容易信奉基督教。

六、願福音遍傳神州

我在前面講了許多中國人不容易接受基督教的原因，有位在臺灣教會任職的朋友對我說：「你講中國人不容易接受基督教的原因包括祭祖問題、多神崇拜問題，偶像崇拜問題、民族主義問題、神本和人本的問題、戰爭和侵略的問題、價值觀念和中國傳統落差的問題等等，我牧養教會二三十年，我的教友們都沒有你所說的那些問題，也沒有教友提出來過，所以我認為你說的那些問題都不存在。」

我知道這個朋友是一位資深的傳道人，他堅守基督教的規範，熟讀《聖經》，為人正直而固執，除《聖經》和相關書籍外，他不涉獵其他著作，像歷史、文學、哲學、社會、心理、教育等等的著作一概不讀，他認為那些書都不屬靈，對靈修沒有益處，何必耗時間去讀，所以和他談話是不容易溝通的，他的世界和別人的世界是有很多不同的。

我的一生親身經歷過佛教、道教和民間信仰，我讀過一些中國歷史、哲學、文學書籍，我關心中國社會的發展，我自認是一個真實的中國知識分子，瞭解其他中國人的心態和想法。我七十歲才進入基督信仰，七十歲應該是人生思想成熟期，所以我進入基督信仰絕對不是像年輕人朦朦朧朧地摸索進來的，我是用我的理性開啟了我的靈性而走進了基督世界，我最大的願望是讓基督的福音傳遍全中國，讓每一個中國人都成為基督徒，讓每一個中國人都得救，都能分沾上帝所賜的恩澤。

我前面所提出幾個中國人不容易信基督教的原因是客觀的，是根據歷史事實而敘述，也是出於愛護基督教的本心，我的那位資深傳道人朋友所說的也是真實的，臺灣的教友很少會提到我前面所講的那些不容易接受基督教的「大」問題，但最多見到的是祭祖問題，祭祖問題是文化「大」問題中的一部分，可見中國文化和基督信仰是有問題存在的。

教會中的弟兄姊妹們很少會提出我前面提出的幾個問題，這或許是基督徒受到《聖經》裡耶穌所說的「不要疑惑、總要信」的話之影響，所以教友們很少會向牧師提問題。我要講一個故事：我有一個老同學，姓劉，他是我大學的同班同學，後來在大學教書，現在八十六歲，已經退休，去年有一天，我到他家去看他，因為他摔了一跤，行動不太方便，我們見面總會談一些「想當年」的事，我知道他受過洗，是基督徒，我就問他：「你現在不能走路，要坐輪椅，還能去教會做禮拜嗎？」劉教授搖搖頭說；「我大學畢業後就沒進過教堂，我向上帝請了假。」我驚奇地說：「大學畢業到現在已經六十年啦，你向上帝請的假夠長了，你還會回教會嗎？」劉教授笑一笑，沒有回應，我好奇地問：「你當初如何會信基督教。」劉教授說：「當時學校裡有校園團契，和我同宿舍的幾個同學都參加了校園團契，拉我也去，我就跟他們進了團契，也就跟著大家受了洗。」我接著問他：「你為什麼大學畢業後就沒進教堂？是不是工作太忙碌了？」劉教授搖搖頭說：「不是工作太忙，是另有原因。我記得剛畢業那年，有一天，我去問牧師兩個《聖經》上的疑問，牧師對我說：『你的問題基督徒都不會問，你不必問，你只要記住耶穌講的那句話：「不要疑惑，總要信。」』從此以後我不再向牧師提問題，也不想進教會了。」

各位朋友，你聽了劉教授的故事有什麼感想？劉教授是一個知識分子，知識分子的特質就是具備懷疑的精神和思考的傾向，如果一個地方不准懷疑和思考，知識分子是不會想進到這地方的。其實，耶穌講「不要疑惑，總要信」這句話，所指的是信靠耶穌這事不要疑惑，不是說對《聖經》的一切內容都不要疑惑，疑惑不等於不信，一個基督徒對《聖經》有疑惑不等於他不信《聖經》，疑惑可以經由思考、辨識而找到答案，有了答案，疑惑或懷疑就解開了。耶穌基督是真理，真理是不怕被懷疑的，真理是愈辨愈明的，耶穌和《聖經》是禁得起辨識的，怕的是傳道人本身的辨識能力不足，反而妨礙了《聖經》真理的展現。

也許有些傳道人會說，知識分子頭腦太複雜了，想東想西，不如一般人民，告訴他們什麼，他們就接受什麼，所以我們不要知識分子算了。這種想法是消極的、是退縮的，但卻也是實用的，是可以自我感覺良好的宣教，因為知識分子是社會上少數人，社會上大多數的一般人民都是不歡喜思考、不懂得懷疑「大」問題的人，他們聽到歷史就怕，他們不知道什麼是人生，他們不能分辨生命和生活有什麼不同，他們不關心國家社會發展的方向，他們不想人生的意義，他們只想到自己的生活和自己的遭遇，他們遠比知識分子容易接受「順服」的觀念。所以，我們的傳道人寧可多著力於一般人民而放棄知識分子。

不過，知識分子人數雖少，但卻是社會的菁英分子，是具有深遠影響力的人。翻開歷史看一看，佛教能在中國傳揚近兩千年，主要是受古代知識分子——士人的支持和宣揚。明朝時，利瑪竇到中國來傳教，他對中國有深切的瞭解，在寫信給耶穌會會長說：「（他在中國傳教）寧願謹慎地擁有少數優秀教友，也不要人數眾多的一大批。如果可能的話，在他們之中應有幾位高學識的士人和官吏，以他們的權威，可以使那些害怕新事物的民眾感到放心。」所以利瑪竇傳教的步驟是先從知識分子開始，進而影響一般人民。

從知識分子開始宣教是很好的策略，符合中國社會的共同心理，所以明代耶穌會在中國的宣教遇到的阻力較小，也很少有反教事件發生。可惜，清朝道光以後，基督教隨著西方列強的兵艦槍礮進入中國，引起中國知識分子的疑懼和反感，在中國仕紳的引領下，反教事件層出不窮，知識分子帶頭反教，於是這時的西方傳教士宣教的對象只好對準下層社會的人民，爭取知識方面較低的人成為宣教政策，這種宣教略從清代一直到現在都是如此。這種策略有其優點，基層人民人數眾多，可以使教友人數迅速增加，然而基督教的根卻不深，一個宗教要在社會上扎根的力量還是須靠知識分子。基層人民像小草，小草長得快，長得多，但遇到暴雨洪水，小草很容易就被沖走，但知識分子像大樹，大樹長得慢，長得壯，可是遇到暴雨洪水卻不容易被沖走。耶穌要他的門徒廣傳福音，他的十二個門徒努力傳福音，所傳的區域只是巴勒斯坦地區，在福音上最有貢獻的人是保羅，保羅不但把福音外傳到小亞細亞和歐洲，而且為基督教建築了深厚的根基，使基督教脫離原始宗教的範疇而進入有理論、能實踐的高級宗教，美國普林斯頓神學院教授查理渥斯（James H. Charlesworth）說：「保羅對基督教神學的影響至鉅，無人可以望其項背。」耶穌的十二門徒都出身基層社會，保羅是知識分子，保羅的宣教事功歷經兩千多年而屹立不搖，這就是知識分子發揮的力量，這力量是堅韌而長遠的，所以今後在中國的宣教工作除了仍要著重基層大眾之外，也要爭取知識分子。

最後要談一個問題，即基督教中國化的問題。宗教乃是文化的一部分，一個宗教想要在一個社會中長存，就要和這個社會的文化相融合，如果和這個社會的文化格格不入，不斷摩擦衝突，這個社會必然會排斥這外來的宗教。如果這外來宗教和這社會的文化相融合了，沒有摩擦，這社會的人們對這個外來宗教沒有「異物感」，這個外來宗教就能在這社會有發展和被接受。基督教進入中國幾百年，始終沒有成為中國人普遍認同和接受的宗教，一個重要的原因是基督教沒有和中國文化相融合，中國人仍然認為基督教是外國教、洋教，不肯開放心胸來接納。如果基督教中國化以後，中國人很自然地容易接納了，像佛教，原本也是外來宗教，在唐代時，佛教走進中國化，因此宋代以後的中國人就沒有把佛教看成是外國宗教。

我知道有許多人反對基督教中國化，他們恐懼基督教會被中國文化同化，其實這是過慮，所謂基督教中國化只是要讓基督教更適合在中國文化環境中生存和發展，並不是要修改《聖經》，更不是要改變基督教的核心信仰，只是外形上做一些合於中國文化（主要是社會習俗和道德規範）的調整，使中國人更容易接受基督教。當年利瑪竇來華傳教雖然沒有明顯表示要把基督教中國化，但他強調儒家傳統中可與基督教相容的因素，實際上就是要使基督教能在全新的環境裡找尋生存和發展的生機。

其實，基督教由猶太教蛻變而來，由地區性宗教變成世界性宗教，必定具有應付不同環境的適應力，絕對不是僵化、墨守成規的教條式宗教。當初代教會時，彼得、保羅開始向外邦人宣揚福音，引起猶太基督徒議論，於是在耶路撒冷召開會議，眾使徒和長老都參加，討論外邦人信教問題，最後雅各做結論說：「不可難為那歸服神的外邦人，只要寫信吩咐他們禁戒偶像的汙穢和姦淫，並勒死的牲畜和血。」可見初代教會已經給予在外邦宣教相當大的自由，限制很少，這便是顧念到各地的習俗、文化不同，必須授予自由，只給予少少幾點重要的限制。保羅說：「向猶太人，我就作猶太人，為要得猶太人；向律法以下的人，我雖不在律法以下，還是作律法以下的人，為要得律法以下的人；向沒有律法的人，我就作沒有津法的人，為要得沒有律法的人。」保羅是在說他面對什麼樣的人，他就作什麼樣的人，這樣才可以打進對方的生活裡，讓對方能接受福音。從上面兩段經文記載可以看出來基督教是富有包容性的，基督信仰重在信仰，不是僅僅注重僵化生硬的律法規範。所以基督教中國化是基督教在中國生存發展的途徑，應該是《聖經》可容許的。

最後，在結束這個專題之前，我要作三點說明：

（一）這個專題是「中國人為什麼不容易信基督教」，這裡要強調的是「不容易」信基督教，不是「不信」基督教，「不容易」是表示在信仰的路上有許多阻礙，如果阻礙除掉，中國人是容易信基督教的。我提出了幾個「不容易信」的原因，實際上是幾個問題，這些問題很「大」，也不太好回答，但我相信這些問題是可以解答或解決的，不過，尋找解答或解決的方式要靠中國基督徒的知識和智慧，我相信中國基督徒可以做到。

（二）在中國宣揚福音要爭取知識分子的歸心，知識分子對社會大眾能發揮較大、較深的影響力，所以今後基督教在中國宣教的策略不可只照顧社會的基層，要兼顧到知識分子，於是在宣教內容和方式上也宜多加研究，當中國知識分子都能接受基督信仰之時，也就是福音遍傳神州之日。

（三）基督教中國化是必走的路，是合於《聖經》教導的路，走這條路才能使福音在中國遍地開花，處處結果。要推動基督教中國化主要的動力應該來自中國的傳道人，希望中國的傳道人認識這項使命，在聖靈引領下，向前邁進，讓中國人都能接受福音，過著幸福的生活。

Ciel

天梯

王壽南談基督信仰

作　　者—王壽南
發 行 人—王春申
總 編 輯—李進文
編輯指導—林明昌
主　　編—王育涵
責任編輯—徐平
校　　對—鄭秋燕
封面設計—高小茲

營業組長—陳召祐
行銷組長—張傑凱
出版發行—臺灣商務印書館股份有限公司
23141 新北市新店區民權路 108-3 號 5 樓（同門市地址）
電話：(02)8667-3712　傳真：(02)8667-3709
讀者服務專線：0800056196
郵撥：0000165-1
E-mail：ecptw@cptw.com.tw
網路書店網址：www.cptw.com.tw
Facebook：facebook.com.tw/ecptw

局版北市業字第 993 號
初版一刷：2019 年 8 月
印刷廠：沈氏藝術印刷股份有限公司
定價：新台幣 320 元
法律顧問：何一芃律師事務所

天梯：王壽南談基督信仰 ／ 王壽南 著. --初版. --新北市：臺灣商務，2019. 08
面 ； 公分. -- （Ciel）

ISBN 978-957-05-3219-7（平裝）

1. 基督徒 2. 信仰

244.9 108009790

廣　告　回　信
板橋郵局登記證
板橋廣字第1011號

免　貼　郵　票

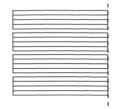

23141
新北市新店區民權路108-3號5樓
臺灣商務印書館股份有限公司　收

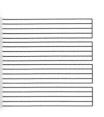

請對摺寄回，謝謝！

傳統現代　並翼而翔

Flying with the wings of tradtion and modernity.

讀者回函卡

感謝您對本館的支持，為加強對您的服務，請填妥此卡，免付郵資寄回，可隨時收到本館最新出版訊息，及享受各種優惠。

■ 姓名：＿＿＿＿＿＿＿＿＿＿＿＿ 性別：□ 男 □ 女

■ 出生日期：＿＿＿＿年＿＿＿＿月＿＿＿＿日

■ 職業：□學生 □公務(含軍警) □家管 □服務 □金融 □製造 □資訊 □大眾傳播 □自由業 □農漁牧 □退休 □其他

■ 學歷：□高中以下（含高中）□大專 □研究所（含以上）

■ 地址：＿＿＿＿＿＿＿＿＿＿＿＿＿＿＿＿＿＿＿＿

■ 電話：(H) ＿＿＿＿＿＿＿＿＿＿ (O) ＿＿＿＿＿＿＿＿＿＿

■ E-mail：＿＿＿＿＿＿＿＿＿＿＿＿＿＿＿＿＿＿＿＿

■ 購買書名：＿＿＿＿＿＿＿＿＿＿＿＿＿＿＿＿＿＿＿＿

■ 您從何處得知本書？

□網路 □DM廣告 □報紙廣告 □報紙專欄 □傳單
□書店 □親友介紹 □電視廣播 □雜誌廣告 □其他

■ 您喜歡閱讀哪一類別的書籍？

□哲學・宗教 □藝術・心靈 □人文・科普 □商業・投資
□社會・文化 □親子・學習 □生活・休閒 □醫學・養生
□文學・小說 □歷史・傳記

■ 您對本書的意見？（A/滿意 B/尚可 C/須改進）

內容＿＿＿＿＿＿ 編輯＿＿＿＿＿ 校對＿＿＿＿＿ 翻譯＿＿＿＿＿
封面設計＿＿＿＿＿ 價格＿＿＿＿＿ 其他＿＿＿＿＿＿＿＿＿＿

■ 您的建議：＿＿＿＿＿＿＿＿＿＿＿＿＿＿＿＿＿＿＿＿

※ 歡迎您隨時至本館網路書店發表書評及留下任何意見

臺灣商務印書館 The Commercial Press, Ltd.

23141新北市新店區民權路108-3號5樓 電話：(02)8667-3712
讀者服務專線：0800-056196 傳真：(02)8667-3709
郵撥：0000165-1號 E-mail：ecptw@cptw.com.tw
網路書店網址：www.cptw.com.tw
臉書：facebook.com.tw/ecptw